La casa de los artesanos

La casa de los artesanos

24 Faubourg Saint-Honoré

Frédéric Laffont

Traducción del francés de
Lydia Vázquez

Lumen

narrativa

Papel certificado por el Forest Stewardship Council®

Penguin
Random House
Grupo Editorial

Título original: *Au 24 Faubourg Saint-Honoré*

Primera edición: mayo de 2025

© 2024, L'Iconoclaste, París
Todos los derechos reservados
Publicado por acuerdo con L'Iconoclaste en colaboración con Books And More Agency #BAM,
París, Francia, y The Ella Sher Agency, agentes debidamente autorizados
© 2025, Penguin Random House Grupo Editorial, S. A. U.
Travessera de Gràcia, 47-49. 08021 Barcelona
© 2025, Lydia Vázquez Jiménez, por la traducción

Salvo que se indique lo contrario, todos los objetos fotografiados proceden de la Colección Émile Hermès
(fotografías: Studio des Fleurs) y todas las ilustraciones provienen de los Archives Hermès:
p. 65, *Mille et un chevaux*, ilustración de Maximilien Vox para el catálogo *Cent Ans ou quelques réflexions
sur la collection particulière de M. H****, editado en 1928, Imp. Le Service Typographique;
p. 68 : ilustración de contraportada de Maximilien Vox para el catálogo *Cent Ans ou quelques réflexions
sur la collection particulière de M. H****, editado en 1928, Imp. Le Service Typographique.

Citas: p. 39, Paul Valéry, *La Crise de l'esprit* [*La crisis del espíritu*], París, NRF, 1919;
pp. 119 y 149-150, Claude Lévi-Strauss, *La Pensée sauvage* [*El pensamiento salvaje*], París, Plon, 1962.

Penguin Random House Grupo Editorial apoya la protección de la propiedad intelectual. La propiedad
intelectual estimula la creatividad, defiende la diversidad en el ámbito de las ideas y el conocimiento, promueve la
libre expresión y favorece una cultura viva. Gracias por comprar una edición autorizada de este libro y por respetar
las leyes de propiedad intelectual al no reproducir ni distribuir ninguna parte de esta obra por ningún medio sin
permiso. Al hacerlo está respaldando a los autores y permitiendo que PRHGE continúe publicando libros para todos
los lectores. De conformidad con lo dispuesto en el artículo 67.3 del Real Decreto Ley 24/2021, de 2 de noviembre,
PRHGE se reserva expresamente los derechos de reproducción y de uso de esta obra y de todos sus elementos
mediante medios de lectura mecánica y otros medios adecuados a tal fin. Diríjase a CEDRO (Centro Español
de Derechos Reprográficos, http://www.cedro.org) si necesita reproducir algún fragmento de esta obra.
En caso de necesidad, contacte con: seguridadproductos@penguinrandomhouse.com

Printed in Spain – Impreso en España

ISBN: 978-84-264-3176-9
Depósito legal: B-4640-2025

Compuesto en M. I. Maquetación, S. L.
Impreso en Unigraf, S. L., Móstoles (Madrid)

H 4 3 1 7 6 9

Aquí, en Australia, los antepasados
se crearon a sí mismos con arcilla,
por centenas y millares,
uno para cada especie totémica.
Así que cuando un aborigen dice:
«Tengo un sueño ualabí», quiere decir:
«Mi tótem es el ualabí. Soy
miembro del clan ualabí».

BRUCE CHATWIN, *The Songlines*

Canto I

Tribu

En este día de la inauguración de la decimonovena manufactura, llueve en Saint-Vincent-de-Paul, pueblo de la Gironda de un millar de habitantes. Frente a los nuevos empleados, la subprefecta, el coronel de la gendarmería y el alcalde. También asisten miembros del Consejo de Administración, del Consejo de Vigilancia y del Comité Ejecutivo del grupo familiar Hermès. Discurso.

> Cada marroquinería emplea entre doscientos cincuenta y trescientos artesanos. Ni uno más. ¿Por qué? Porque, más allá, los colaboradores ya no pueden conocerse por su nombre. Yo, por ejemplo, me llamo Axel.

Risas. En palabras de Axel, jefe de la tribu (6.ª generación), respondiendo a la prensa:

> Nuestra casa se parece más a una tribu con múltiples códigos.

Charles-Émile (jefe, 2.ª generación) posa montado en el caballito balancín de sus nietas. Desde entonces, todos los jefes y sus hijos han jugado con él, le han tirado de las crines, le han puesto canicas y piedrecitas en el cuello para oír mejor su balanceo.

Charles-Émile Hermès (1831-1916), hacia 1903.

En el número 24 de la Rue du Faubourg-Saint-Honoré (hoy conocido como «24 Faubourg»), en el verano de 1951, este caballo aparece en el escaparate con una peluca rubia. Para celebrar el centésimo quincuagésimo aniversario de la casa, en 1987, Jean-Louis (jefe, 5.ª generación) es fotografiado sentado en el suelo delante de ese juguete en la sección de equitación. En 2016, el caballo viaja a Montreal para la exposición *Des chevaux et des hommes* («Caballos y hombres»).

El caballo balancín sigue hoy en 24 Faubourg, la sede tribal.

Canto II

Tótem

En el principio era el caballo.

Dieciséis en Rouffignac y trescientos sesenta y cinco en Lascaux. De España a Siberia, se realizan cada vez más exhumaciones. Durante treinta milenios, el hombre prehistórico pinta las húmedas paredes de las cuevas. A la luz domesticada de una lámpara de grasa, los primeros gestos artísticos de la humanidad honran al caballo, el animal más representado del bestiario rupestre.

No se sabe por qué el caballo.

Los primeros pictogramas chinos representan la cosa nombrada. Así, el árbol 木 o la montaña 山. Hacia el 1570 antes de nuestra era, bajo la dinastía Shang, la palabra «caballo» grabada en bronce es un ojo levantado sobre cuatro patas, con las crines al viento.

El hombre mira al caballo que lo mira. Pegaso sube al Olimpo, Buraq salta de La Meca a Jerusalén, Tchal-Kouyrouk guía al escudero kirguís por las profundidades de su alma. El caballo de los mitos transporta al hombre a las esferas impensables, acaricia la luna o abraza el sol. Bajo los campos de batalla, los jinetes escitas, hunos y lombardos muertos son enterrados con su montura sacrificada, ensillada y aparejada. En el más allá, sus cabalgadas no conocen fin.

Alejandro Magno montado en Bucéfalo, Luis XIV en Brillante, luego Ricardo III, desarzonado, «¡Un caballo, un caballo! ¡Mi reino por un caballo!» (Shakespeare, *Ricardo III*, acto V, escena 4). En el monumental lienzo de David, Bonaparte y su fogoso Marengo se encabritan, el uno y el otro. Ambos victoriosos en Austerlitz, Jena y Wagram, luego derrotados en Rusia, donde los soldados napoleónicos, agonizantes, encuentran refugio en los cadáveres helados de sus monturas. La epopeya imperial del caballo favorito de Napoleón llega a su fin en Waterloo, cuando los británicos lo capturan. Dos siglos después, el conservador del National Army Museum de Londres considera que el esqueleto de Marengo sigue teniendo una «fuerza de combate» fuera de lo común, y que resistirá los trabajos de restauración de la Battle Gallery.

Turín, 1889. Un cochero azota a muerte a su caballo exhausto. Friedrich Nietzsche se interpone. Estrecha el cuello del animal en sus brazos y rompe a llorar. El filósofo murmura a la oreja del caballo unas palabras misteriosas para siempre.

En 1924, John Ford dirige *El caballo de hierro* y mitifica la llegada del tren al salvaje Oeste. Los dos mil caballos y los ochocientos indios de la película son meros figurantes.

París, 2024. Un taller bajo los tejados, en el sexto y último piso de una casa sita en el número 24 de la Rue du Faubourg-Saint-Honoré. Indiferente al rugido motorizado de la cercana Avenue des Champs-Élysées, un joven baila con la silla de montar que está confeccionando. La agarra fuerte, se le resiste. Le da la vuelta y la coloca sobre el banco de trabajo. La silla se encabrita y el tango continúa. Chirridos de cuero mezclados con los suspiros del guarnicionero. La lucha arcaica del hombre con la materia para darle forma. En la mesa de trabajo, un cuchillo medialuna, unas tenazas tensoras y una lezna son los herederos del bifaz de sílex de la cueva. Una lámpara articulada ilumina desde arriba su banco de trabajo. En el punto más alto de su taller del último piso, el guarnicionero ha colgado un pedazo de cartón. Se leen estas palabras de Jean-Louis (jefe, 5.ª generación):

El caballo es nuestro primer cliente.

Seis pisos más abajo, Menehould, la directora del patrimonio cultural de la tribu, entra en 24 Faubourg por el acceso de una calle adyacente. Lleva una mochila y, colgada al hombro, una pesada bolsa de fontanero. Se detiene ante el tótem de una tribu amiga. En horizontal, un tronco de pino cembro de 295 centímetros de largo por 60 de circunferencia. Varias escarificaciones y muescas marcan sus flancos. En palabras de Menehould:

En una subasta de arte popular, descubrimos este enorme banco. ¡Nadie quería esta especie de elefante! Data de 1774. Se trata de un banco de trabajo donde el carpintero de ribera desbastaba grandes troncos para los astilleros navales. Espontáneamente,

Philippe, un nieto de Émile Hermès, la quinta generación de la familia, dijo que no se podía entrar aquí como en una entidad bancaria, y ser recibido por un banco de diseño que no dice nada. Este es un lugar donde la gente trabaja de verdad. Hay oficios, un saber artesanal y herramientas. Es una especie de país de la mano.

Encima del banco de trabajo, velan cuatro colleras, como buenas centinelas. Al fondo del vestíbulo, dos cabezas de caballo de papel maché vigilan entradas y salidas. Menehould saluda con deferencia a los guardianes del reloj de fichado donde, al principio, se introducía una tarjeta personal en un tablero de acero. Una prima de diez francos recompensaba a quien no acumulaba más de diez minutos de retraso a fin de mes. Después del reloj de fichado, la recepción y su azafata con el pañuelo «carré» tribal atado al cuello. Todos se saludan con un efusivo «Buenos días». Personal, miembro de la jefatura, señora de la limpieza, visitante o fontanero de paso, nadie escapa al saludo ritual. En cada una de las paredes de la recepción, en los cuatro puntos cardinales de la brújula, hay cuatro representaciones seculares del animal tótem.

Antiguamente, la viga con puntas de hierro que debía frenar a los atacantes, en francés se llamaba *tournicqué*, y más tarde *tourniquet*, vocablo que pasó al español como «torniquete». Seguimos a Menehould. Se abren las puertas automáticas de vidrio de un torniquete.

Canto III

Laberinto

Todo el mundo se ha perdido, se pierde o se perderá algún día en 24 Faubourg. Los antiguos, los modernos y también los que han crecido allí. No hay plano ni señalizaciones. No hay números ni nombres en las puertas. Dicen que hay un ascensor que se divierte dejando a sus pasajeros entre dos niveles, y que otro deja bajar, pero no siempre subir. Diferencian la escalera roja (que es roja) de la verde (que también es roja). Sin mirar por la ventana es difícil saber en qué planta se está. Cuenta la leyenda que la ausencia deliberada de señales indicadoras es una invitación a saludar a un miembro de la tribu con un «Buenos días» ritual antes de preguntarle el camino. Menehould:

> Sigo sintiendo el mismo placer al perderme por los pasillos. Han pasado más de treinta y cinco años. Pensé que estaría aquí tres meses, pero aún no he encontrado la salida. Me siento como en casa. El ingenioso Dédalo, patrón de los artesanos, ¡también inventó esta cosa de la que no se sale!

«Laberinto»: al buscar su origen, los etimólogos se pierden. ¿Del griego λαβύρινθος (*labýrinthos*), la trampa del pescador de la Antigüedad? ¿O del latín *labor*, trabajo y sufrimiento? ¿O de *labrys*, el hacha de doble filo de los palacios cretenses,

similar al cuchillo de medialuna de los guarnicioneros de 24 Faubourg? Menehould, antes profesora de latín y griego clásico en
Nueva York, no sabría decirlo a ciencia cierta. Para acceder a
su despacho, hay que tomar la escalera verde (que es roja). Dos
peldaños de mármol, luego veinticuatro de roble cubiertos de
linóleo granate. En el supuesto primer piso, se suben otros quince peldaños para llegar a un seminivel. A la izquierda, hay que
subir cuatro de mármol, luego bajar dos de madera. Después
de subir los veintidós últimos, parece que se está en el segundo
piso, cuando en realidad es el tercero.

> Desde hace cien años, no han cesado de injertarle a 24 Faubourg
> pequeños trozos de inmuebles colindantes. Este lugar está en
> perpetua transformación, todo cambia, pero el espíritu perdura.

En el despacho de Menehould, un diccionario latín-francés
convive con los últimos catálogos de subastas. Extrae de su
mochila una estatuilla de bronce de unos treinta centímetros.

> Acabo de comprarlo en una subasta, por tres francos y seis cén-
> timos. Es una estatuilla de Mercurio-Hermes, semejante a la que
> hay incrustada en el pomo de la escalera. Ya nos robaron un
> ejemplar. Hermes es la divinidad de los viajeros, las encrucijadas
> y los caminos, pero también de los ladrones. Ahora bien, ¡que
> nos lo roben aquí! Esto está lleno de vida.

La colección privada de la casa se enriquece constantemente con antigüedades; ninguna de ellas ha sido producida bajo
los tejados de la tribu.

Los campos de exploración de Menehould se extienden
al caballo, al saber artesanal y a lo que ella llama, entre risas,

«el síndrome del culo inquieto». No para, aquí y allá recolecta obras, objetos, piezas raras, residuos, enigmas. A la hora de comer, devora catálogos de subastas. Conoce la historia, muchas historias, las de la casa y las de otros lugares, que comparte con los talleres y por el vasto mundo. También escribe historias. Al igual que quienes recogen patatas olvidadas en la cosecha, Menehould espiga, racima fragmentos de memorias individuales, familiares y tribales. Dibuja trazos imaginarios para conectar estrellas muertas, convirtiéndolas en una constelación luminosa. Fuera de los caminos trillados, sus relatos evocan indistintamente a Toro Sentado, a Platón o a Baudelaire. Un marroquinero de la CGT, loco por la bolsa de golf de cocodrilo, le regaló sus cuadernos de dibujo. Un guarnicionero del último piso la inició en la costura; fue, según ella misma dice, uno de los viajes más bellos de su vida.

En el fondo de los cajones secretos de la casa, Menehould descubre filigranas de papel, o palimpsestos que le encanta descifrar. Un especialista en escrituras antiguas indescifrables y tres equipos de treinta personas encargadas de la conservación y de la transmisión de la memoria de 24 Faubourg trabajan a su lado. Después de casi cuarenta años en la casa, Menehould sigue asombrándose de sus hallazgos, captando indicios al vuelo como mariposas a las que proteger. Puede tratarse del caballo disecado del padre de la condesa de Ségur, de un papel secante o de unos tirantes. Ayer, un miembro de la familia (5.ª generación) le entregó el kepi de Émile Hermès (jefe, 3.ª generación). Cuando habla de la tribu o de la casa, Menehould dice «nosotros», y muy a menudo: «¡Es divertido!». Para ella, 24 Faubourg es una tierra de tradición oral. En África occidental, ella habría sido la griot que alaba a los antepasados, celebra a los héroes anónimos, recita epopeyas mágicas, en cantos libres, sin miedo a las represalias.

Menehould señala el gran bolso bandolera con el que ha subido los dos pisos (que son tres) de la escalera verde (que es roja):

Aquí están las transcripciones de las conversaciones de nuestros niños. Oh, perdón, quería decir de nuestros mayores. Es para usted. La verdad es que me parece extraño que Pierre-Alexis haya pensado en usted para este libro. Tengo un armario lleno de gente que quería escribir nuestra historia. Siempre he contestado que no, muy educadamente, por supuesto, y con argumentos. Escribir la historia de la casa supondría falsificarla. Corresponde a cada uno de los que llegan aquí buscarla, comprenderla, incluso hacerla. No se escribirá. ¿Quizá no exista realmente? Creo que, sin ser consciente de ello, cuando Pierre-Alexis pensó en usted para escribir este libro sobre 24 Faubourg, fue porque no quería ningún libro sobre 24 Faubourg.

Una vez, solo una, Jean-Louis (jefe, 5.ª generación) —el padre de Pierre-Alexis (director artístico, 6.ª generación)— aceptó la presencia de una escritora americana en 24 Faubourg. Fue la biógrafa de Groucho Marx, y parecía reunir las cualidades necesarias. Después de tres años de interminable exploración del territorio, la americana desapareció sin dejar el menor rastro. Ni una línea, ni una palabra. Menehould supone que debió de perderse por los pasillos.

Canto IV

Reino

La casa se revela a través de los pasos y la mirada de un niño. Busca trabajo y abre la puerta de 24 Faubourg de la mano de su madre. Georges soñaba con ser maestro de enseñanza primaria, pero sus padres vetan sus aspiraciones, por tratarse de unos estudios muy costosos. ¿Pastelero? Otro veto, esta vez del pastor Dumas, a un trabajo que no respeta el descanso dominical. Orienta a su joven parroquiano a un negocio regentado por dos de sus feligreses, los hermanos Adolphe y Émile Hermès, guarnicioneros y talabarteros. Julie Hermès, cuya boda con Émile ha celebrado el pastor Dumas, conoce bien a Georges; él canta en el coro parroquial y ella lo acompaña al armonio. En el verano de 1903, el niño y su madre son recibidos por los patronos. Georges acaba de cumplir trece años cuando lo contratan. La ley de 1841 prohíbe el trabajo de los niños menores de ocho años y limita a doce horas diarias el de los mayores de doce. Las palabras de Georges, extraídas de sus *Recuerdos*, con sus mayúsculas:

Entramos en la planta baja de la tienda donde se reafirma por todas partes, apogeo antes del inminente declive, el reinado indiscutible de Su Majestad el Caballo.

El novicio descubre una casa pequeña y oscura de tonos marrones realzados por la cortina roja de la puerta de entrada. La misma tela separa la tienda de sus pequeños escaparates. En unos pocos centímetros de profundidad: bocados, estribos, látigos, fustas de atalaje, correas, cabezadas y collares de perro desafían la gravedad gracias a unos alfileres. A la izquierda de la entrada, una pared de exposición, con sesenta sillas de montar y otra con ronzales. A la derecha, la vitrina de fustas de caza apenas ilumina los profundos cajones de trallas y accesorios de guarnicionería. En el largo mostrador de ventas dormitan mantas, cinchas de caballerizas y la caja con los tres libros. Las ventas diarias se registran en uno, los débitos de la clientela en otro, y el tercer libro de cuentas reúne los pedidos de los talleres. Lo patronos copian ahí con pluma sus propias mediciones y sus consignas.

El único vendedor y cajero de la tienda, Gustave «el despistado», recurre a menudo a la memoria de Georges para encontrar el rastro de los cinco o diez céntimos que faltan. Todas las tardes, Gustave sube la recaudación a la primera planta en una pequeña bolsa de caja de cuero negro, la misma que usaba la madre de los dueños. Adolphe hace el recuento de monedas y billetes antes de guardarlos en la caja fuerte.

Cuando Robert (jefe, 4.ª generación) pretende que debe repararse la bolsa, cuyo estado le parece «indescriptible», Georges le responderá:

¡Oh, ni hablar, no mientras esté yo aquí, traería mala suerte cambiarla!

En 1979, Antoinette, cajera de 24 Faubourg durante treinta años, entregará esta bolsa a Jean-Louis (jefe, 5.ª generación).
La acompaña su carta manuscrita:

Esta famosa bolsa se ha convertido en una reliquia, un auténtico
talismán. ¡Cuántos billetes ha contenido y cuántos recuerdos
hemos acumulado dentro! Durante quince años, yo misma la
utilicé y se la entregaba, bien hinchada con la recaudación del
día, a Georges, nuestro director comercial. Cada mañana me la
devolvía, a veces lanzándomela como si fuera un balón de fútbol.
«Mientras yo viva, quiero que esta bolsa se quede aquí, no la
destruya», me dijo un día. Cuando Georges murió, la bolsa se
quedó en el fondo de un cajón, donde la deposité casi religio-
samente. Hasta que un día reapareció ante mí, ante nosotros, los
miembros de esta casa, aquella bolsa vacía, sin vida, la misma
que llegó a contener, calculo yo, una auténtica fortuna.

Los hermanos Hermès, ocupados de la mañana a la noche,
a Georges le parecen tan diferentes como el amanecer y el atardecer de un mismo día. La levita de Adolphe, el mayor, no
oculta su corpulencia. Su perilla en punta y ya medio canosa
revela que nació en 1860. Entre dos puros, enciende un ciga-
rrillo con la colilla del anterior. Émile, once años más joven
que él, es delgado y viste siempre con elegancia. Su pelo rubio
y su bigote bien recortado enmarcan su encantadora sonrisa. Cuando camina, parece revolotear. El personal le llama
«Fideo», o «Passepartout», como el personaje de Jules Verne.
Émile es un viajero que ha recorrido Europa en tren y ha
viajado a costas lejanas a bordo de transatlánticos. De su reciente viaje a Rusia para presentar el trabajo de los talleres a la
corte del zar Nicolás II, ha vuelto con un sombrero de cochero

La bolsa de caja de 24 Faubourg, hacia 1900.

imperial en terciopelo de seda azul y suntuosos pedidos de arneses. «Azogue», otro apodo que sus empleados le han puesto a Émile Hermès, remite al mercurio, escurridizo y siempre en movimiento. El jefe sube los peldaños de la escalera de 24 Faubourg de dos en dos, los audaces lo imitan provocando la hilaridad general, incluida la de los dos hermanos. Menehould explica que Jean-Louis (jefe, 5.ª generación), nieto de Émile (jefe, 3.ª generación), subía los mismos escalones de cuatro en cuatro. Es de suponer que la tribu considera la ascensión de esa escalera como algo más que una proeza atlética, que quizá tenga que ver con el carisma de los jefes.

Adolphe se encarga de la incipiente contabilidad, y Émile del correo y los cobros. Los débitos de los clientes pueden permanecer impagados medio año, o incluso un año. El patrón visita en persona a los más recalcitrantes con sombrero de copa y guantes blancos, dos o tres veces si es necesario. Juntos, los hermanos gestionan la clientela, los pedidos, las medidas y el proceso de fabricación. Ningún artículo es entregado sin que le den el último visto bueno.

Su padre, Charles-Émile (jefe, 2.ª generación), sigue pasando por 24 Faubourg a diario. Su esposa lo acompaña a menudo; el perro Clairon, siempre. La familia Hermès ha trabajado y vivido en esa casa. Padres e hijos dormían bajo su techo abuhardillado. En 1880, Charles-Émile trasladó el taller de su padre, Thierry Hermès (1.ª generación), de la Rue Basse-du-Rempart al Faubourg. Ritualmente, el padre acude a saludar a sus hijos a la oficina, y se informa de cómo va el negocio antes de instalarse en la tienda. Desde su vigía, observa a los clientes, los escucha y respira los aromas de los cueros, de las colas y de los materiales, como un jardinero respira las flores de su jardín. Recuerdos del joven Georges:

> Me enseña a manipular las distintas piezas de guarnicionería, insistiendo en particular en cómo coger los cueros de las bridas para no arrugar la parte lisa. A algunas riendas o estriberas les falta flexibilidad, él me enseña a ablandarlas sobre el respaldo de una silla sin dañarlas.

24 Faubourg tiene abiertas sus puertas de las 7.30 a las 19.00. Los jueves, el día de limpieza general, el personal debe estar presente antes de las 7.00. De lunes a sábado, los hermanos Hermès esperan a la veintena de empleados para darles la mano, a todos. «¡Buenos días!». Este ritual perdurará mucho tiempo. Se dice que se abandonó en los años setenta del siglo pasado, cuando había cientos de empleados. Los jefes de la tribu (5.ª y 6.ª generaciones) mantendrán el saludo cordial y el apretón de manos fácil a pesar de sus miles de empleados en distintos continentes.

A principios del siglo XX, la tribu aún alquila su territorio. Una única escalera conduce a las tres plantas. Debajo de los peldaños, un tubo acústico une la tienda con los talleres. Hay que agacharse para hablar por la trompeta. En la primera planta, la sala de exposición de arneses linda con el despacho de los patronos. La segunda planta alberga tres talleres con una decena de talabarteros, tres guarnicioneros de apellidos británicos y un marroquinero que hace bridas. El espacio de confección de mantas, en el tercer piso, permite el acceso, bajo los tejados, a sillas de montar y arneses de segunda mano. Cuando llega el invierno, los mozos de la tienda, Georges y Charles, izan los cestos de leña con una cuerda que cuelga de la viga. Georges, que entró en 24 Faubourg de la mano de su madre, se retirará como director comercial. En palabras de Philippe (5.ª generación), de ochenta y dos años, uno de los nietos de Émile Hermès:

> ¡Así era la casa! Se podía entrar con doce años, pasar ahí dentro cincuenta años y salir director.

El aprendizaje de Georges es una especie de iniciación: durante un tiempo, responsable de los pequeños escaparates, luego «chico de los recados» como lo fue Émile Hermès a su misma edad. Georges hace los repartos con los arneses a la espalda, la silla en un hombro y la collera en el otro, brida y riendas en las manos, y una correa de cuero sujetando su propio atalaje. El hombre-caballo atrae la atención de los curiosos. Para las piezas más pesadas, Georges alquila un carro de mano en la Place de la Madeleine. Situada a una hora a pie, la Rue du Ranelagh es su destino más alejado.

El universo equino de París se concentra en torno al Faubourg y Les Champs Élysées. El caballo conserva vivo el recuerdo ancestral de la vía real, una línea recta que unía el palacio del Louvre, residencia de los reyes capetos, con las cacerías en el bosque de Saint-Germain-en-Laye. A lo largo de los siglos, al galope más corto, una línea imaginaria se convierte en el eje histórico de París: el Louvre, el Jardin des Tuileries, la Place de la Concorde, la Avenue des Champs Élysées, el Arco del Triunfo, Neuilly y luego La Défense y su Gran Arco, aún sin erigir. La vía real, el camino del caballo rey. Caballerizas, comerciantes, picaderos, talabarteros, guarnicioneros, basteros y carroceros: Georges conoce las direcciones de las cuarenta y una «casas del caballo» vecinas de 24 Faubourg.

El aprendiz asciende en el escalafón y acompaña a los patronos en su ronda diaria de visitas a la clientela por caballerizas, picaderos y carrocerías. Georges carga con las plantillas para los trabajos a medida. Cada tiro tiene sus propios arreos; los que se utilizan para los paseos vespertinos llevan un sillín en forma de pera, una testera cincelada y una escarapela del mismo color que el sudadero. Los patronos comprueban las medidas del asiento, del ensillado, de los cuartos y de las perillas cortadas. Para los funerales, la casa de 24 Faubourg cubre de negro los cueros de los arneses de las familias enlutadas. Para un funeral de primera clase, las plañideras siguen el coche fúnebre tirado por seis caballos enjaezados con pompones, penachos y mosqueros. Para los funerales de tercera clase, un jamelgo viejo arrastra el ataúd. En palabras de Georges al descubrir un mundo desconocido:

> Los caballos, como los humanos, sufren los efectos de la temperatura. Por eso hay que vestirlos, lo cual implica cuatro indumentarias. Para la noche: una manta de dril. Para los días de otoño e invierno: una manta de lana llamada «estribera», bordada con los colores de la cuadra. Para los días de verano: una manta de cuadros. Para una gala: un atavío de tela forrada de lana con los ribetes de los colores de la casa. Cinchas y atacolas a juego.

Desde la Exposición Universal de 1900, París se erige en capital mundial de las artes, la moda y el buen gusto. Por encargo de los hermanos Hermès, los mozos viajantes recorren el mundo con grandes baúles repletos de los mejores trabajos de los talleres, algunos de ellos en miniatura. Obtienen pedidos que envían por correo a 24 Faubourg. Haciendas y campos de polo latinoamericanos, ranchos en el país de los vaqueros, acaballaderos en Oriente Próximo y Oriente Medio, cortes europeas y asiáticas, componen vastos territorios amigos de los caballos. De los Andes a la India, lentos transatlánticos transportan cajas de guarniciones completas que hay que charolar de nuevo. Georges se ve ascendido a agente de aduanas.

La tribu conserva sus «libros de monturas», donde se apuntan las características de cada una de ellas, el nombre del guarnicionero y de la persona que la encargó, todo ello escrito con pluma. Cualquier futura reparación hará referencia a esta partida de nacimiento, y también quedará registrada. Las sillas de montar y los objetos de 24 Faubourg atraviesan el tiempo como en las novelas de anticipación en boga. *The Time Machine: An Invention* (*La máquina del tiempo*), de Wells, acaba de ser publicada en francés por la editorial Mercure de France con el título *La machine à explorer le temps*. El libro de monturas de 24 Faubourg de 1909-1920 lleva las referencias numeradas de 844 a 5.155. Un siglo más tarde, la mano de un guarnicionero inscribe la silla de montar número 54.449.

El «registro de chaquetillas y mantas» es otro clásico de los talleres. Para identificar los colores y el motivo propios de cada cuadra de carreras, se consigna una muestra de seda de las chaquetillas y de las gorras de *jockey* con el nombre del propietario. El hipódromo ha sido durante mucho tiempo el lugar de la elegancia y las tendencias de la moda. Se podía ver a los elegantísimos atletas del Racing Club de France corriendo en traje de *jockey*, fusta en mano. Los motivos y colores del registro de chaquetillas inspirarán las composiciones de los futuros carrés tribales.

Georges realiza su primera venta en el floreciente departamento de collares con tachuelas para perro. En palabras de Georges:

Cada departamento, según su época, tiene una moda más o menos pasajera, pero siempre encuentra un nuevo artículo para sustituir al que está de capa caída.

El libro de pedidos de la tienda conserva el recuerdo de cubos de zinc, de aceite de pata de buey y de plumeros... El paso del tiempo escogerá a sus elegidos. En las estanterías, la ropa deportiva inspirada en el mundo de la hípica alterna con artículos para el automóvil recién nacido. París está experimentando sus primeros «atascos de coches» motorizados. Las pioneras, las «cocheras-choferesas», se ponen al volante de «autotaxis» ante la mirada atónita de los cocheros. En el cabaret Lune Rousse se agotan las entradas para el espectáculo *Cochères, à la lune!* («¡Cocheras, a la luna!»).

Un cliente amante de la velocidad pasa a menudo por los talleres para aligerar sus arreos. Cronometra su carruaje en la Avenue des Champs Élysées y quiere ir cada vez más rápido. Se topará con las nuevas directrices del prefecto. Los parisinos se quejan de la «atmósfera envenenada» y de la insalubridad de las calles provocada por los excrementos de los caballos. Se lleva a cabo un proyecto piloto en Les Champs Élysées. El carril central está reservado a los vehículos motorizados, los coches de caballos y las bicicletas se ven relegados a los laterales. Extracto del diario *Le Figaro* del 8 de febrero de 1907: «Mientras que las dos vías laterales que van de la Place de l'Étoile a la Place de la Concorde son inmensas y húmedas camas de estiércol de varios centímetros de espesor, la línea central está completamente neta, seca, brillante, limpia, sin suciedad, sin polvo, como encerada por el caucho de los coches».

Combustión, gases tóxicos y partículas finas en lugar de estiércol. Irremediablemente, ochenta mil caballos parisinos serán expulsados progresivamente de la capital por la explosión de los motores. En pocos años desaparecerán las cuarenta y una direcciones de la agenda de Georges, los cocheros de voz atronadora y sombrero de cuero hervido, los lacayos que corren junto a los carruajes para advertir de los peligros, los cornetas que anuncian curvas, paradas y salidas con diferentes notas, los mozos de diez años que saltan a la calzada antes de que se detengan las calesas para hinchar el pecho delante de los caballos del tiro. Se acabaron también los gorrones sentados en los ejes traseros de las calesas.

24 Faubourg cuenta entonces con setenta empleados. La empresa publica su primer catálogo en la imprenta de arte Draeger y manda pintar pequeños cuadros ecuestres para los vestíbulos de los palacios que exponen sus artículos.

Numerosos militares, del cadete hasta el oficial de caballería de más alta graduación, se equipan en el Faubourg. Émile Hermès envía tarjetas de felicitación a los promovidos. Los jóvenes oficiales pagan a crédito mantas, accesorios de cuadra, kepis y sables. Para cada promoción, la tienda permanece abierta los domingos. Hay generales de caballería que encargan arreos completos, monturas de ordenanza con alforja delantera de piel de leopardo y bridas con riendas de galones de oro. Todos van a verse en un atolladero muy pronto.

El 28 de junio de 1914, en Sarajevo, el archiduque Francisco Fernando y su esposa son asesinados en su limusina, un descapotable negro, en el momento en que el chófer se detiene —se ha equivocado de camino— para dar marcha atrás. En setenta millones de hogares, las manecillas de los relojes dejan de girar. Mañana, los hombres serán soldados. Georges y Émile Hermès también.

Canto V
Guerra 1

El sábado 1 de agosto de 1914, Georges sale de la tienda para unirse a la muchedumbre de la Rue du Faubourg-Saint-Honoré, donde la gente comenta los acontecimientos de la noche. A las 21.40, las últimas esperanzas de paz han sido abatidas por dos disparos de revólver. «*Jaurès assassiné*» («Jaurès asesinado»), titular, ribeteado de negro, de *L'Humanité* esa mañana. En el Faubourg se oye el martilleo de los cascos de la caballería del 1.ᵉʳ regimiento de coraceros marcando, *a tempo*, el ritmo militar. Georges ve pasar a los soldados de caballería, con sus torsos blindados de acero, sus largos sables relucientes y sus cascos con cimera de cobre, penacho de gallo rojo y borla de crin negra. En su diario, Georges escribe, escueto:

¡He comprendido!

A toda prisa, el pastor Dumas accede a la petición de Georges de bendecir su matrimonio, no en la iglesia, sino «en la Casa», con la C mayúscula de los *Recuerdos* del novio.

El domingo 2 de agosto de 1914, la orden de movilización general cubre las paredes de los ayuntamientos de Francia y de las colonias. Tres millones de franceses de entre veinte y cuarenta y ocho años deben acudir sin demora a su unidad asignada; otros cinco millones los seguirán. Georges tiene veinticuatro años; Émile Hermès, cuarenta y dos. A las cinco de la tarde, de uno de esos días de descanso dominical tan queridos para el pastor Dumas, Georges parte para unirse a su 59.º Batallón de Cazadores en la Gare de l'Est. Se sube a un tren nocturno para ir a la guerra. Del otro lado de las vías, el 3 de agosto de 1914, Alemania declara la guerra a Francia e invade Bélgica. Esa noche durará cuatro años.

Al final del verano, quinientos veinte mil caballos y mulas son requisados también para el frente. Solo se salvan los burros. Después de arrebatarle padres e hijos al campesinado, también lo despojan de su herramienta de trabajo. El Estado Mayor del Ministerio de la Guerra quiere caballos veloces para llevar a cabo ofensivas deslumbrantes —en 1914 todavía parecía posible— y jamelgos para transportar artillería, municiones, equipajes y alimentos. Équidos de las ciudades o los campos, todos caerán como moscas desde los primeros días de la guerra, abatidos por armas nuevas, gaseados y, sobre todo, víctimas de malos tratos. Las heridas de arnés, que tanto preocupaban a los hermanos Hermès y a sus ancestros en tiempos de paz, son responsables de una cuarta parte de las bajas equinas.

Delegado por el Ministerio de la Guerra en diciembre de 1914, Émile Hermès se embarca hacia América. Su misión: encontrar caballos, arneses y sillas de montar para la caballería francesa. Viaja a Canadá, a Nueva York, a Detroit… Como oficial de 3.ª clase y especialista en cuero, también se le encarga que estudie la producción industrial de arneses. En la tradición oral de la tribu coexisten varias versiones de esta página de la historia. En palabras de Pierre-Alexis, bisnieto de Émile Hermès y director artístico de la tribu (6.ª generación):

¿Cuántas versiones? ¿Cinco o seis? Es la prueba de que son todas verdaderas.

En Detroit, Émile descubre las cadenas de montaje del Ford T diseñado por Henry Ford: «El hombre que coloca una pieza no la ajusta, el hombre que pone un tornillo no se encarga de la tuerca y el hombre que instala la tuerca no la atornilla». El tiempo de montaje del Ford T se divide por diez, su precio por tres y sus ventas se multiplican también por diez. Es de un único color, negro, porque seca más rápido. Émile informa al Ministerio de la Guerra de su descubrimiento del trabajo en cadena, garante de una producción rápida de arneses y botas a bajo coste. Se negará a introducir ese reparto de tareas en sus propios talleres. Un artesano, un saber artesanal, un objeto: tal era, es y será la doctrina de la tribu.

A partir de septiembre de 1914, la orden secular de caballería se vuelve inaudible. Frente a la metralla, ¿qué valen diez o cien galopes de los espadas? Durante la batalla del Marne, la contribución de los taxis parisinos resulta más decisiva. En Verdún, en 1916, los caballos se cruzan con los primeros blindados y cambian de ruta. La «madre de todas las batallas» engendra huérfanos como nunca. Atrás queda la vieja guerra, sustituida por la mecanización de los ejércitos. Los hombres caen por millones, y los caballos con ellos. En Cambrai, en 1917, la caballería lanzó sus últimos asaltos entre aeronaves y tanques. Sustituyendo a sementales y yeguas, el tanque británico Mark IV se presenta en versión macho (con cañón) y hembra (con ametralladora). Los antiguos jinetes todavía hablan a sus tanques como antes a sus caballos. En vano.

Georges es muy parco en palabras cuando habla de su guerra. En Verdún, «los Fritzs» caen sobre su compañía y los rocían con lanzallamas. Los cuidados que prodiga a su capitán, utilizando «material enemigo», le valdrán una citación militar como distinguido, que Émile Hermès leerá después de la guerra al personal de la «Casa» —siempre con mayúscula—, reunido a tal efecto. «Para terminar con mi persona», escribe Georges en sus cuadernos, da las gracias a Adolphe Hermès por haber hecho pesquisas sobre su paradero cuando se encontraba prisionero en Alemania, y a Émile Hermès por su lectura. Así fue la guerra de Georges, que salió de casa en 1914 y regresó en 1918 tras unos días de vacaciones con sus suegros. Paseando por la Rue du Faubourg-Saint-Honoré, en pleno corazón del apacible barrio elíseo, descubre una Atlántida. En doscientos metros de aceras han desaparecido:

- en el n.º 1: Rigaud, perfumista,
- en el n.º 3: Aublanc, joyero,
- en el n.º 5: Barton & Guestier, vinos,
- en el n.º 6: Gulembourg, fabricante de refrescos,
- en el n.º 7: Paulard, vinos,
- en el n.º 10: Labarbe, peluquero,
- en el n.º 18: Danos, charcutero,
- en el n.º 20: Debonnaire, farmacéutico,
- en el n.º 21: Langibout, carnicero,
- en el n.º 23: Rey, aves de corral y caza,
- en el n.º 27: Montaillé, pompas fúnebres,
- en el n.º 36: Langoust, carnicero,
- en el n.º 40: Moquart, panadero, proveedor de cruasanes y napolitanas para Hermès Frères, los días de limpieza general de los escaparates.

En 24 Faubourg, el lechero Hertrich, que ocupaba una pequeña parcela del territorio tribal y cuyos quesos perfumaban
los talleres, ya no está. Lo sustituye la tienda de antigüedades
Adjage Frères.

Canto VI

Cenizas

En 1913, Giorgio De Chirico pinta un bodegón con dos alcachofas sobre un fondo de paisaje industrial desprovisto de toda presencia humana. «Nosotras, las civilizaciones, sabemos ahora que somos mortales», escribía en 1919 Paul Valéry, en su ensayo *La crisis del espíritu*. «Bien sabíamos que toda la tierra visible está hecha de cenizas, que la ceniza significa algo. Percibíamos, a través del espesor de la historia, los fantasmas de inmensos navíos que estuvieron cargados de riqueza y de ingenio».

En palabras de Menehould, directora del patrimonio:

> El caballo con ronzal es la representación más antigua del caballo en la colección. El objeto se quemó en su día. Está hecho de arcilla cocida. Parece de piedra. Procede de la civilización de Mehrgar, en la frontera del valle del Indo, en uno de los pasos del valle de la Seda, en el actual Pakistán. Este caballo milenario tiene una brida, ya está domesticado. Sus marcas de quemaduras me conmueven. Nuestro fundamento está ahí para darnos impulso. Como siempre, se trata del caballo. El caballo, ahora y siempre.

Con el tiempo, la octava letra de nuestro alfabeto latino, la «H», ha perdido su música. Se aspira o permanece silenciosa.

A pesar de su discreción, es una huésped singular de la lengua francesa.

cheval, homme, héritage

Caballo, hombre, herencia

Se dice que tiene su origen en los rasgos milenarios que representan una valla, un jardín o un refugio. Entre sus antepasados, la semítica ח (khet), a su vez hija de un alfabeto protosemítico, ⵕ, que los fenicios escribirán ⊟.

Los griegos la convirtieron en la vocal de su primer alfabeto durante siglos: H.

La etrusca ⊟ y la romana H desaparecerán.

La epopeya silenciosa de la H a través del tiempo. En 24 Faubourg, una H tribal permanece en el mosaico de la tienda. En palabras de Axel (jefe, 6.ª generación):

No hemos inventado nada. Somos herederos de una tradición, la transformación del cuero por la mano del hombre, que se remonta a la prehistoria. En el museo de Saint-Germain-en-Laye se pueden ver agujas utilizadas en el Paleolítico. Es conmovedor ver que son iguales que las nuestras de hoy. La única diferencia es que hemos pasado de una aguja de hueso a una aguja de metal. Tampoco hemos inventado la guarnicionería, es una herencia de los romanos. Y manteniendo vivas estas tradiciones ancestrales es como consigue Hermès ser un valor importante en el CAC 40.

Caballo con ronzal (Baluchistán, hacia 2500 a. C.).

Canto VII

Crisálida

En 1919, el pan, el azúcar, la harina, el carbón y el tabaco siguen racionados por las autoridades. Para comer, los ciudadanos franceses aún tienen que mostrar su cartilla individual de racionamiento. Falta de todo y no se vende nada. Sillas de montar y arneses, nuevos o de segunda mano, se amontonan en la tienda. En palabras de Georges, vendedor de 24 Faubourg a su regreso del cautiverio:

> Los clientes siguen escaseando y atravesamos un periodo de depresión que, a veces, me hace dudar de si el negocio volverá a remontar. ¡Son tiempos de miseria! La clientela protesta continuamente por los precios, estamos pasando por un farragoso periodo de regateos.

Adolphe Hermès no ve futuro para su negocio. Salda las hebillas de caballo y las existencias de cuero. Émile Hermès se niega a echar el cierre. Los caminos de los hermanos se separan como los dientes metálicos de una cremallera. El hermano menor compra la parte del mayor y toma, en solitario, las riendas de la casa.

Émile Hermès nació en diciembre de 1871, en las ruinas de un París golpeado por los obuses prusianos y los sangrientos enfrentamientos de la Comuna. En dos ocasiones, en la ciudad y en el frente, ve cómo muere el caballo y desaparece su mundo. Ve cómo se impone el trabajo en cadena y la esclavitud del obrero, contraria a su profesión. Ve, hasta en su calle, las inconmensurables pérdidas de la Primera Guerra Mundial. Entre los escombros y las tumbas, Émile Hermès, ya cincuentón, se niega a que su casa desaparezca. Si el futuro está aún por forjar, más le vale trabajar con sus herramientas, bajo su propio techo. Con el único apoyo de su mujer, invierte el dinero del hogar en la compra del número 24 de la Rue du Faubourg-Saint-Honoré, alquilado por su familia desde 1880. En palabras de Émile Hermès (jefe, 3.ª generación):

> Eran tiempos difíciles para el negocio de la guarnicionería, pues el automóvil triunfaba definitivamente sobre el caballo. Yo no tenía mucho trabajo que proponer a todos los obreros desmovilizados con que me encontraba. Pero la suerte me sonrió.

Émile Hermès adquiere la patente de un cierre de cremallera que había descubierto en América durante su misión. Hacía mal tiempo ese día. Viajaba en un Cadillac T51 descapotable conducido por una mujer. Como la nieve les azotaba la cara, la mujer detuvo su V8. Émile Hermès la vio saltar del coche y, con un gesto rápido, cerrar la capota accionando una lengüeta de cremallera, algo que él desconocía por completo.

> Aquello, para mí fue un rayo de luz, y decidí, sin pensármelo dos veces, emprender ese nuevo camino que nuestro irreprochable pasado de guarnicioneros me permitía contemplar. La cremallera supuso una publicidad considerable para el lanzamiento de mis bolsos de mano y mis maletas. El uso completamente

nuevo del cuero de vaca y de cerdo en marroquinería también me sirvió de mucho, sin olvidar la original moda de las pieles de reptil, que rápidamente causaron sensación. Y eso no es todo. En la fabricación misma de mis artículos, me vi llevado a aplicar a la marroquinería el «punto del guarnicionero». De ahí nació una especie de marca particular que catalogó la casa de manera muy especial.

El *punto del guarnicionero* es, desde hace siglos, una puntada exclusiva de dichos artesanos. Sobre un hilo de lino recubierto de cera de abeja, dos agujas danzan en cada extremo. De puntada en puntada, se cruzan en el cuero previamente perforado con un punzón.

No hemos inventado nada.

Con un gesto amplio, las manos del guarnicionero se abren y se cierran como las alas de un pájaro que levanta el vuelo. Las agujas pasan por encima, luego por debajo, la una de la otra, y el hilo se anuda. Arneses y sillas se cosen con el punto del guarnicionero, la puntada más perenne.

Somos herederos de una tradición, la de la transformación del cuero por la mano del hombre.

Cuantas más fuerzas contrarias se ejercen sobre el punto del guarnicionero, más se refuerza este. Émile Hermès aplica este ancestral saber artesanal a la marroquinería. En palabras del nieto de Émile Hermès, Philippe (5.ª generación):

Antes, pegábamos. Coser era una acción burda pero duradera destinada a los arneses. Mi abuelo empleó a sus obreros guarnicioneros para hacer carteras y bolsos. Parece normal, pero no lo era. Los otros pobres guarnicioneros, que no supieron adaptarse, desaparecieron.

El tiempo es una crisálida. Émile Hermès le regala a Julie, su mujer, el *Sac pour auto* («Bolsa de coche»), de 1923, cosido con punto de guarnicionero. El cierre de cremallera se adapta a su forma redondeada, que recuerda las calandras de su amigo Ettore Bugatti. Del saber artesanal del guarnicionero, combinado con el cierre de cremallera americano, nacen nuevos artículos y nuevos departamentos en la tienda. Pequeña y gran marroquinería, maletines y bolsas de viaje, accesorios para el deporte y el automóvil, bolsas de golf, «trajes de esquiar» en invierno y «de baño» en verano. Una nueva clientela, francesa y extranjera, se precipita a 24 Faubourg. En palabras de Georges, el vendedor ascendido:

Los estadounidenses son los mejores clientes. Han hecho campaña en Francia, un país que han aprendido a apreciar, y vuelven en masa, acompañados por sus familias. No es raro verlos regresar con regalos: seis, siete, diez o incluso doce bolsos de piel de vacuno, bolsos redondos o bolsas de golf.

El maniquí de un caballo de madera, protegido con una muceta blanca y revestido con una manta del mismo color, sigue apostado, espectral, en la planta baja. Las tonalidades oscuras y la penumbra de la tienda rememoran los duelos del pasado. Los pequeños escaparates y sus alfileres periclitan. Las nuevas empleadas, en su mayoría costureras, necesitan más espacio. Émile Hermès emprende obras de restauración y ampliación. Quiere construir sobre el zócalo de la casita abuhardillada que había albergado el dormitorio de su infancia. El jefe (3.ª generación) enraíza el tronco de 24 Faubourg y hace que broten ramas y capullos. Su proyecto arquitectónico se inspira en una casa cuadrada como las de un dibujo infantil.

El nombre de la tribu aparece a lo largo y a lo ancho de las primeras vallas de las obras, ya en 1923. La casa gana tres plantas, un gran escaparate que hace esquina, un atrio y varias aberturas por donde penetra la luz. Los escombros del pasado sirven para rellenar los techos de los nuevos talleres. 24 Faubourg se eleva a la misma altura que las mansiones privadas vecinas. Como en Roma, el mañana reposa sobre el ayer. Una terraza y un jardín abren el horizonte de 24 Faubourg a perspectivas desconocidas. Pronto, las fotos de familia, las recepciones festivas y los desfiles de moda se sucederán en ese espacio, entre los adoquines y el horizonte de París.

El estilo neoclásico siglo XVIII de las nuevas fachadas remite a las formas antiguas de un gusto por aquel entonces calificado de griego. Cuando, en esa misma época, el rey de los helenos le pregunta por el origen de su familia, Émile Hermès le responde con sorna: «Majestad, yo nací en el Olimpo». Está aludiendo al Olympia, la sala de música de los Grands Boulevards cerca de la cual sus antepasados tuvieron su primer taller. Durante los dos años de reformas, la tienda permanece abierta. Georges ayuda al rey de Rumanía a sortear los tablones que bloquean la entrada. Al mismo tiempo, Mistinguett dispone a lo largo de los peldaños los bolsos redondos y los bolsos altos de su próximo espectáculo en el Casino de París. Ensaya su número en la escalera. El rey, que ha acudido a buscar los arneses de gala de su coronación, pide al patrón que le presente a la reina de la revista parisina.

Émile Hermès reanuda sus viajes de prospección, y los embajadores de la casa reformada recorren el globo, de las repúblicas sudamericanas a los reinos de Tonkín, Annam y Siam. En palabras de Émile Hermès extraídas de un folleto dirigido a sus clientas:

> Dos sentimientos sin los cuales la vida sería inconcebible hoy: el del pasado y el del futuro.

Al mismo tiempo, Blaise Cendrars —un nombre y un apellido hechos de ceniza y brasas— introduce en sus versos libres la modernidad de los transatlánticos, los trenes y los aviones. El poeta perdió la mano derecha en la guerra, ¡y Picasso dice que volvió con un brazo de más! Lo que falta hace posible lo que adviene. Émile Hermès también hace brasas de las cenizas. ¿Un soplo de aire? ¿Una visión, quizá? ¿Un sueño de ave fénix? Seguramente el suyo, porque su esposa y él tienen fe.

Después de las obras, Alfred, el nuevo portero de 24 Faubourg, es un herido de la Primera Guerra Mundial. Su largo abrigo oculta su mutilación. El mismo Alfred abrirá la puerta de la casa a los libertadores de París en agosto de 1944 (Canto XV: «Guerra 2»).

Canto VIII

Conductores

Para el diseño interior de 24 Faubourg, Émile Hermès recurre al experto asesoramiento de su tío Henri, decorador y anticuario. Juntos, abarrotan la casa de símbolos y amuletos universales e intemporales. Louis Aragon escribe en *La Revue du Commerce* que la manía de soñar se extiende por París. Si es que es un sueño… El Faubourg está en construcción cuando Sigmund Freud aún trabajaba en *Die Traumdeutung*, su obra cumbre sobre la interpretación de los sueños. Breve resumen: ni mágicos ni absurdos, para Freud los sueños son la realización de un deseo.

Descripción de un sueño.

Primer fragmento: un portero mutilado abre la puerta. En el suelo, un mosaico, como en Pompeya. En el damero de colores, Émile ve —es un sueño— su propio ex-libris que representa a un mozo delante de un atalaje de dos caballos. Se distingue la vara alada con las dos serpientes enroscadas, símbolo de paz de Hermes, el dios griego de las transacciones comerciales. La H tribal aparece en el centro del mosaico de la entrada. La mayoría de los visitantes lo pisan sin miramientos. Entran en una casa, no en un santuario ni en un templo.

Segundo fragmento del sueño: *Fiat lux!* Una pléyade de globos *art déco* ilumina con una luz nueva unos escaparates en forma de alubia. En los años veinte del siglo pasado, nadie había visto jamás semejantes soles eléctricos.

Tercer fragmento: vértigo en los pisos de arriba y alrededor del atrio. Uno de los símbolos más antiguos de la humanidad se repite *ad infinitum* en los herrajes de las balaustradas. Esa cruz se encuentra entre los mayas, los nómadas navajos, en la sinagoga de Ein Gedi, la mezquita del viernes de Isfahán, la catedral de Santa Sofía de Kiev y los bordados bretones. Los hindúes la veneran desde la noche de los tiempos. Eternidad, felicidad, dicha: a cada cual su interpretación. Para la tribu, será «la greca», el símbolo del eterno retorno y de los reinicios.

Cuarto fragmento del sueño: en las puertas de los ascensores, dos letras forjadas en hierro. Las mayúsculas del apellido de soltera de Julie y del apellido de Émile. Dos H, entrelazadas.

Pasan cien años.

Tras muchas transformaciones, la tienda, en constante reforma, conserva, intacto, el sueño de Émile Hermès. El mosaico, «la greca», las HH entrelazadas, los globos de luz centenarios, todo perdura. En pleno siglo XXI, pueden encontrarse en Nueva York, Tokio, Shanghái, Seúl y, parcialmente, en más de trescientas tiendas de todo el mundo. Los fragmentos de un sueño se han convertido en los de un vasto territorio tribal.

En palabras de Menehould, que conoce esta parábola gracias a Jean-Louis (jefe, 5.ª generación), a quien se la contó su abuelo Émile (jefe, 3.ª generación):

En la boda de Julie con Émile, el pastor Dumas leyó a la joven pareja un versículo de la Biblia que empieza así: «Acordaos de vuestros conductores...». Sabemos adónde vamos porque tenemos a nuestros conductores. El pasado no es el territorio de los que están atrás, sino de los que están delante. Acordaos de vuestros conductores… En el *Ion* de Platón, el poeta evoca la piedra de Magnesia. El imán recibe una corriente que transmite a otro. Estamos penetrados por diversas fuerzas. Aquí, se diría que una corriente pasa de siglo en siglo. Después de todo, ¡vamos a cumplir doscientos años! No vamos a pontificar, pero algo nos penetra. Solo somos transmisores.

Tras las obras, aparecen en los anuncios, las invitaciones y los catálogos, ilustraciones de 24 Faubourg renovado. La casa siempre se presenta dibujada más grande de lo que es en realidad. A Émile Hermès se le atribuye un gran sentido del humor, pero ninguna fanfarronería. Sus representaciones agrandadas de 24 Faubourg de 1927 corresponden a 24 Faubourg del presente actual.

Dibuja su casa en el futuro.

Modelo reducido de berlina de gala en filigrana, enganchada a dos caballos. Papel maché, cartón, madera pintada, seda rosa. Finales del siglo XVIII.

Canto IX

Filigrana de papel

Marcel Proust y Émile Hermès nacieron ambos en París en 1871. El distrito VIII es su territorio. El *incipit* de *En busca del tiempo perdido* tiene lugar en un dormitorio. Cuando se despierta, el durmiente no sabe dónde ni en qué época se encuentra. La búsqueda del tiempo perdido se confunde con la del espacio.

En los años veinte del siglo pasado, la crítica literaria establece la conexión con la reciente teoría de la relatividad de Albert Einstein. Para el físico, el tiempo y el espacio están inextricablemente unidos. Cuando un peatón en París se detiene ante el escaparate de 24 Faubourg, se cree inmóvil, cuando en realidad se está desplazando por el espacio-tiempo a una velocidad vertiginosa. ¿Sería el tiempo una ilusión? ¿Y también lo serían las distinciones entre pasado, presente y futuro?

En su obra *En busca del tiempo perdido*, Marcel Proust no escudriña el pasado, sino que anticipa esa modernidad del tiempo como ilusión. Llena sus cuadernos de múltiples filigranas, de añadidos de papel pegados en los márgenes para modificarlo. Ambiciona confeccionar su libro como un vestido. Retoca constantemente su manuscrito. Tras su muerte, en 1922, su editor terminará las costuras del último volumen, *El tiempo recobrado*.

24 Faubourg es también el territorio de las costuras a mano. Cuando la portera avisa a Émile Hermès de que la tienda de antigüedades Adjage Frères está a punto de cerrar, él compra el local para añadirlo a su casa, ya en busca de ampliación. Pega una filigrana de papel a la novela de 24 Faubourg. A lo largo de un siglo, se seguirán llevando a cabo ampliaciones similares. De ahí el laberinto, nunca nivelado, ni siquiera correctamente señalizado. Dédalo, el arquitecto que concibió el laberinto, toma su nombre del verbo griego δαιδάλλω (*daidallō*): dar forma, trabajar con arte.

Canto X

Tesoro

El libro impreso más antiguo de la humanidad que ha llegado hasta nosotros completo y fechado es una traducción china del *Sutra del diamante*, escrito originalmente en sánscrito (वज्रच्छेदिकाप्रज्ञापारमितासूत्र—*Vajracchedikā Prajñāpāramitā Sūtra*). En la British Library, nuestra vista puede acariciar las páginas de una obra escrita en el año 868. Buda discute con un discípulo sobre la vacuidad universal de las cosas, de los pensamientos y de la realidad, estos también vanos. Todo se agita, nada es inmutable. Un gato no es (solo) lo que llamamos «gato»; esta es la enseñanza central del *Sutra del diamante*.

El museo de 24 Faubourg no es un museo, el despacho de Émile Hermès no es un despacho, por eso se llaman museo y despacho. Comparten un mismo espacio, central como el corazón palpitante de un cuerpo, en el tercer piso de la casa (que, de hecho, no es el tercer piso). Menehould tiene las llaves. En cien años, todo se ha movido sin que nada haya cambiado. El escritorio de Émile Hermès permanece igual que en 1925. En el segundo cajón de la izquierda sigue estando su primer cierre de cremallera. Frente a su sillón, el pequeño reloj de péndulo se halla en el mismo sitio que en las fotografías de los años veinte del siglo pasado. El mecanismo del reloj puede verse en una esfera transparente sostenida por un estribo. Allí, el tiempo es una gota de agua suspendida. En palabras de Philippe (5.ª generación), de ochenta y dos años, nieto de Émile (jefe, 3.ª generación):

> El tiempo se ha detenido, como por arte de magia: ¡bing! A mi alrededor, todo ha desaparecido del París de mi infancia. Ni las calles, ni el ambiente, ni las tiendas, ni los sonidos, ni los olores, no queda nada de lo que pude haber conocido, aparte del museo de Émile Hermès, que ha permanecido intacto. Mi abuelo dio a su despacho un significado muy personal. A sus pies, el triciclo-caballo de Napoleón III y una caballeriza en miniatura con su potrillo de peluche no son los objetos más adecuados para trabajar. Detrás de él, en lugar de los dosieres, un maletín de cirujano de la Marina con sus instrumentos de amputación y trepanación. A mi abuelo le encantaban los objetos, y los hacía revivir. En este gabinete de curiosidades hay miles de pequeños Moisés salvados por él de las aguas del olvido. Es el homenaje del viejo coleccionista a su propia infancia.

Émile tiene doce años cuando compra un bastón paraguas, un fuste de madera lacada en blanco del que se extraía una sombrilla de seda montada sobre un armazón de cobre. Precio de compra: 2 francos, es decir, todos sus ahorros en 1883. Émile Hermès nunca dejó de coleccionar los objetos que encontraba en la sala de subastas Drouot. En sus propios talleres recupera la hebilla de arnés alcanzada por la bala del atentado contra el rey Alfonso XIII. En la acera, recoge del suelo una brida rota. Cada objeto de la colección lleva una marca de la historia. En palabras de Menehould:

Esta colección es un lugar de cruces, inclasificable. Y «siempre haremos algo con ella», porque ahí hay una promesa de futuro. En los talleres, imitábamos al patrón porque recogía cosas y decía: «¡Siempre haremos algo con ello!». Émile Hermès se muestra totalmente indiferente a los gustos de su época. No colecciona como esos grandes industriales ansiosos por ostentar su estatus social o construirse una imagen. Aquí, los objetos se abren paso libremente a través de la alquimia de la memoria. Un retrato de Luis XIV junto a un bocado de caballo del siglo VII a. C. procedente del Luristán persa. De esos encuentros con los objetos, Émile Hermès espera que surja algo.

Contemporáneo de Émile Hermès, el alemán Walter Benjamin, aunque fue un autor ignorado en vida, actualmente se considera uno de los grandes intelectuales del siglo XX. Es a la vez filósofo, crítico de arte e historiador, y, más allá de estas categorías, coleccionista de juguetes, sellos y libros infantiles. Como Émile Hermès, se interesa por lo que no interesa a nadie. Todo reside en la mirada. Para estos dos paseantes, enfrentados a los horrores de la guerra, la magia puede surgir en cualquier momento, de un libro o de un objeto. Frotan sus hallazgos con las asperezas de la modernidad y se producen chispas. En *París, capital del siglo XIX*, Walter Benjamin escribió: «Quizá es posible concretar así el secreto motivo que subyace en el coleccionismo: abre el combate contra la dispersión».

La colección de Émile Hermès reúne guantes catalanes de costuras diminutas, tan ligeros como el papel de seda, y cuatro zapatillas de cuero grueso para los cascos de un caballo enganchado a una cortadora de césped en la Escocia del siglo XIX.

Un estribo calentador para las cabalgadas invernales y un estribo linterna para las nocturnas.

Una silla de montar china de madera lacada negra tallada de la dinastía Qing (1644-1912) y su homóloga japonesa del periodo Edo (1603-1868) de madera lacada con polvo de oro. Y más sillas: árabe, japonesa, mexicana, africana...

Un bocado dispensador de medicamentos inventado a principios del siglo XX por un veterinario de Missouri. Un bastón de marinero fabricado con vértebras de tiburón.

Un belén napolitano con sus Reyes Magos. Varios bastones de marcha. Baúles y maletas.

Un altorrelieve que representa la partida del príncipe Siddhartha en su caballo Kanthaka, al que los espíritus impiden tocar el suelo. Un telescopio de salón. Un molde de la heladera de Napoleón III (para hacer sorbetes con la forma de su caballo). Pequeños bolsos de cuero hervido apodados «ridículos».

Una anteojera-freno, llamada «eclipse», para evitar las sacudidas de los caballos briosos. Este invento, validado por la comisión de examen de cocheros de 1900, fue exhumado de la basura del último carrocero de París por Émile Hermès.

Miles de referencias más.

Pocos cuadros de los grandes maestros.

Ni un solo objeto manufacturado por Hermès.

Las hijas de Émile Hermès, sus hijos y los hijos de sus hijos se han sentado en la calesa tirada por cabras, han pedaleado en el caballito triciclo imperial, han jugado al escondite y a la búsqueda del tesoro en el despacho museo. ¿Quién se acuerda todavía del número del teléfono —3368— de la mesa del abuelito? Nadie recuerda haberlo visto sentado. Se pasea por su colección. Allí recibe a sus invitados como si estuviera en su casa. Un día, al emperador de Japón, otro a Lucie, rebautizada «Lucky», una joven modelo llegada de Bretaña para su primer desfile. Émile Hermès comparte con todos ellos lo que para él es la belleza del mundo. Como Proust en su obra *En busca del tiempo perdido*, dice: «¡Miren!».

¡Miren el auriga en su carro, este pequeño bronce amlash del segundo milenio a. C.!

¡Miren estas castañas talladas por presidiarios en el siglo XVIII!

¡Miren! El objeto oculta algo más grande que él mismo. Como los versos del poeta Paul Valéry, cuya primera estrofa figura en el frontispicio del Musée de l'Homme:

> Cosas raras o bellas
> aquí sabiamente juntas
> enseñan a mirar al ojo
> como nunca vistas
> cuantas cosas hay en el mundo
>
> Depende del que pasa
> que yo sea tumba o tesoro
> que hable o me calle
> esto solo depende de ti
> amigo, no entres sin deseo

Debajo de algunos objetos del museo hay notas manuscritas, mensajes jeroglíficos que Menehould cuida de no separar, pensando en las generaciones futuras. En palabras de Philippe (5.ª generación), pintor y autor de libros infantiles, recordando una lección que le dio su abuelo Émile en su colección:

Me enseña un autorretrato de Ary Scheffer y me dice: «Esta es mi pieza más hermosa. El artista se olvidó de sí mismo, simplemente lo hizo. ¡Es mágico!». Esa es su lección, a partir de una modesta acuarela. Era un hombre realmente sencillo, nada esnob. Poseía, cada minuto, el genio de la infancia, ese genio para el que ningún aspecto de la vida ha perdido valor. Su museo es como una de esas habitaciones infantiles, llenas de juguetes en desorden, que se asemejan a una obra de arte. Esa colección es realmente él. Desde los talleres de arriba hasta la tienda de abajo, todo era como aquí. Cada pasillo, cada pared, ¡del suelo al techo! Por todas partes, grabados ecuestres de Horace Vernet, objetos de su colección, viejas bridas recosidas… No había decoración. Era simplemente la casa de un artesano que colgaba en la pared cosas bellas que le gustaban. ¡Se respiraba una atmósfera increíble!

21.266 referencias componen la colección del museo, que no es un museo, por eso se llama museo.

Generaciones de jefes e hijos de la familia no han dejado de ampliarla, de recibir a invitados y de practicar rituales. La ceremonia de franquear la puerta es uno de ellos. Los participantes son artesanos de la casa. Tienen que esperar en el exterior del museo, como aislados del resto de la tribu. Cuando se dice su nombre, entran por la puerta secreta del despacho de Émile Hermès. Un miembro de la jefatura los espera dentro para felicitarlos; eran artesanos, ahora han sido nombrados capataces. La ceremonia de la puerta es un ritual de transición de un estatuto a otro.

En Oceanía, los jóvenes pescadores de las Islas Salomón, para hacerse hombres, tienen que enfrentarse a las olas en pi-

ragua y volver con un bonito sagrado. En 24 Faubourg, hay
que pasar por una puerta trasera oculta detrás de los libros, la
misma que franqueaba Émile Hermès cada día para escabullir-
se de su despacho con el fin de ir a la ciudad a dar con algún
nuevo tesoro.

Canto XI

Retrovisor

El futuro aparece en un espejo retrovisor. Esta innovación se propone por primera vez en el catálogo Peugeot del 1 de enero de 1928, en el modelo Cabriolet Grand Luxe de 9 caballos.

CABRIOLET GRAND LUXE, 4 places, pare-soleil articulé, rétroviseur intérieur, malle AR, pare-chocs, essuie-glace automatique, roues assorties à la couleur de la carrosserie, enjoliveurs de moye x, 2 roues de secours, garnies, éclairage et c marrage électriques, avertisseur électrique, amortisseurs AV et AR, compteur, montre, freins sur les 4 roues, outillage.

Cabriolé gran lujo, 4 plazas, parabrisas articulado, retrovisor interior, baúl maletero trasero, parachoques, limpiaparabrisas automático, ruedas a juego con el color de la carrocería, tapacubos de cojinete, 2 ruedas de repuesto, forradas, luces y arranque eléctricos, amortiguadores delanteros y traseros, cuentakilómetros, reloj, frenos en las 4 ruedas, herramientas. Fuente: Biblioteca Nacional de Francia.

En ese mismo año de 1928, Émile Hermès se empeña en celebrar el centenario de la empresa fundada en 1837 por su abuelo Thierry Hermès (1.ª generación). De una simple resta, se puede deducir que Émile Hermès debe de ser más bromista que las intangibles reglas de la aritmética.

1928-1837 = 100

El álbum *Cent Ans* («Cien Años») de Hermès es más un acertijo que un catálogo. Tapa dura, formato 20 × 26 centímetros, cuarenta y dos páginas, varias de ellas en blanco, textos breves, seis ilustraciones y seis fotomontajes de objetos heteróclitos. Sin pies de foto ni premios. Extraída de la colección de Émile Hermès, la sombrilla de encaje de la emperatriz Eugenia aparece junto a las novedades de los talleres: cestas de pícnic, termos de coche y guantes para conductores. Las primeras palabras de la colección son interrogativas:

¿Se han dado cuenta de lo bonitos que quedan los paisajes en el espejo retrovisor?

Henri Cain, titular de la patente número 369.252 de 1906 del espejo retrovisor, llamó a su descubrimiento «el espejo avisador». También él debió de tener la intuición de que mirar hacia atrás significa ver hacia delante. El enigma del centenario de Hermès (que no es un centenario) quizá se resuelva entre las vías del ferrocarril triunfante y el coqueteo de los aeroplanos con las nubes. En la página 37 del álbum *Cent Ans*, una amazona montada en su caballo conversa con la pasajera de un biplano. Dos mujeres, en dos mundos que todavía se mezclan, pero un despegue inminente anuncia la soledad del caballo. Solo contra mil. La modernidad es una carrera ganada de antemano.

MILLE ET UN CHEVAUX

Émile Hermès es un niño del siglo XIX apasionado por los descubrimientos del XX. Es amigo de Louis Renault desde que son adolescentes. El uno gasta sus ahorros en comprar un paraguas con un ingenioso mecanismo, el otro desmonta motores Panhard y diseña coches, a los que da vida. En su jardín, Louis monta el Renault Tipo A, su primer automóvil, sobre el chasis de un triciclo equipado con una cuarta rueda y una caja de cambios con marcha atrás. Émile asiste al nacimiento del automóvil, recorre Europa en tren y surca los mares a bordo de transatlánticos. Julie, su esposa, y él, asisten entusiasmados a los primeros salones aeronáuticos.

Durante esos mismos años veinte, Adrienne Bolland es la primera mujer francesa que obtiene la licencia de piloto de avión, la primera del mundo que realiza un *looping* y que cruza por los aires la cordillera de los Andes. Para protegerse del frío, la aviadora se embadurna el cuerpo de grasa, que cubre con papel de periódico; va armada con un revólver y un puñal para hacer frente a los cóndores que supuestamente defienden su territorio celeste. En su tercer intento, Adrienne Bolland vuela desde Buenos Aires y aterriza en Santiago de Chile un 1 de abril. Los pueblos latinoamericanos celebran su hazaña, mientras que el embajador francés en Chile piensa que se trata de una farsa.

Con los 241 títulos y 181 victorias consecutivas de la tenista Suzanne Lenglen, la palabra «campeona» aparece por primera vez en los periódicos. Los partidos internacionales de fútbol femenino reúnen a más de diez mil aficionados. A pesar de que se alzan muchas voces y se imponen prohibiciones contra las mujeres que practican deportes «embarrados» o «poco agraciados», el deporte y la Francia de la posguerra se feminizan. 24 Faubourg también experimenta una mutación. En sus tarjetas de invitación, Émile Hermès se dirige en primer lugar a las clientas. Aviadoras, tenistas y esquiadoras son los nuevos rostros de los primeros anuncios de la casa y del álbum *Cent Ans*. En los talleres, las costureras superan en número a los obreros.

En los pisos recién construidos, un marroquinero celoso pide al capataz que su mujer, una costurera, sea ubicada frente a su banco de trabajo. Él la vigila, ella observa cómo confecciona él sus bolsos. Ella se da cuenta de que unas imperfecciones ínfimas obligan a desechar grandes trozos de cuero. Entonces decide recuperarlos, los corta evitando los defectos, los cose a los puños y el cuello de una prenda de punto y añade una cremallera: así confecciona la primera cazadora de cuero Hermès. El príncipe de Gales, príncipe de la moda en los locos años veinte, encarga una docena de ellas.

La feminización de los talleres genera nuevos saberes artesanales, nuevos objetos, nuevas fiestas. El 25 de noviembre, las casas de alta costura celebran santa Catalina. En los años veinte, las emisoras de radio y los periódicos contribuyen a popularizar esta fiesta, cuyo origen se remonta a la Edad Media, para casar a las solteras mayores de veinticinco años. Durante un día y una noche de baile, 24 Faubourg se viste de verde y amarillo, los colores de santa Catalina. Los obreros disponen de media hora pagada para ver los sombreros de las costureras y las decoraciones de la casa. Émile Hermès hace la ronda por los talleres, levanta su copa de Cinzano a la salud de las «catalinetas», antes de verterlo en la maceta de alguna planta. Llegan los músicos para el baile, foxtrot y charlestón. Hay *swing* en los talleres.

El periodo que llega tras la locura de la Primera Guerra Mundial, se conoce, quizá por herencia, como los años locos. Un tercio del territorio nacional francés no es ahora más que ruinas y campos de batalla donde yacen bajo tierra dos millones de víctimas masculinas. Las mujeres toman el relevo. Mistinguett canta el buen humor de los franceses, recobrado. Los artesanos de 24 Faubourg intercambiaban bobinas de hilo y palabras de amor con las costureras de Lanvin a través de la ventana. Joséphine Baker, icono de la emancipación femenina, se contonea con los pechos al aire, un collar de perlas y un cinturón de plátanos.

La Rue du Faubourg-Saint-Honoré se viste de piedra pulida y cincelada, que una lámina de alquitrán negro cubre como un sudario sobre el pasado. Los taxis parisinos prevén equiparse con un «dispositivo antiatropello» que haría caer a los peatones en una red en lugar de bajo sus ruedas. En el cajón de su escritorio, Émile Hermès guarda anuncios de coches recortados de los periódicos. Recibe a Ettore, gran jinete y pionero del coche de carreras. En el museo (que no es un museo), el genio italiano de los pistones cae rendido ante el baúl de viaje con los sistemas secretos de Cambacérès, el archicanciller de Napoleón. Ettore Bugatti encarga pequeños baúles con hebillas de arnés para engancharlos en la parte trasera de sus bólidos.

Las páginas en blanco del álbum *Cents Ans* dicen quizá lo más importante del pensamiento de Émile Hermès: todo está por escribir. Cien años después de la restauración de 24 Faubourg, iniciada en 1924, Pierre-Alexis (6.ª generación), bisnieto de Émile Hermès y director artístico de la casa, se pregunta:

> Sabemos lo que nos dice Émile, pero ¿qué le decimos nosotros a Émile? El álbum de los *Cents Ans* de Hermès sigue siendo enigmático. ¿Qué hay que leer entre líneas, detrás de los objetos y entre las ilustraciones? El esbozo de un espíritu, sin duda, del cual el Faubourg es un testimonio viviente.

En las páginas 2 y 3, en el reverso de la tapa dura del álbum, unos garabatos azules adornan las hojas de guarda. No se les presta atención de forma espontánea.

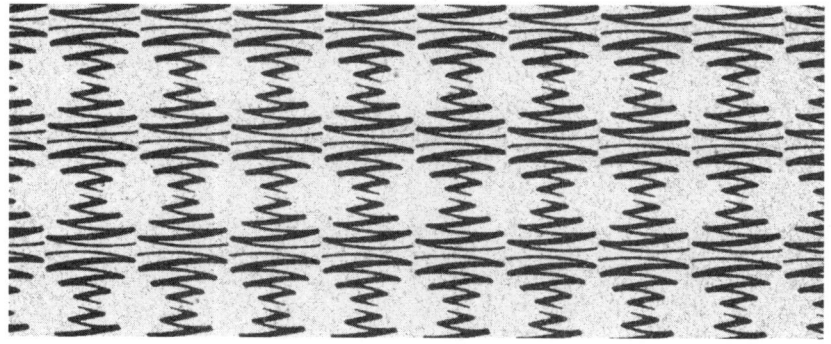

Me viene a la mente el carácter chino 家 (*jiā*), repetido hasta el infinito.

Significa familia y casa.

Caligrafiado en diez trazos, puede verse una casa de seis pisos con terraza, como la de 24 Faubourg. Todo es una elucubración, por supuesto.

El mismo carácter se encuentra en 家伙 (*jiāhuo*): herramienta. Y también en 名家 (*míngjiā*): maestro y experto.

El calígrafo sabe que 家 tiene rasgos en común con 客, que se traduce indistintamente como «huésped», «cliente» y «viajero».

Anticipándose unos milenios a las recientes teorías de Albert Einstein o a los escritos de Marcel Proust sobre la relatividad del tiempo, en chino los verbos no se conjugan. Pasado, presente y futuro se expresan con marcadores de tiempo o de aspecto. Hace cien años, ayer, hoy, ahora, pronto, mañana o dentro de mil años, el verbo vive en un eterno presente. «¿El futuro?» es, con su signo de interrogación, el título de la página 41, la última del álbum *Cent Ans*. El texto termina así:

Amar su oficio es hacerlo amar, es seguir siendo joven a los cien años.

Hace cien años, un cliente de 24 Faubourg recomienda a Émile Hermès que contrate a la joven vendedora del guantero Nicolet, de la que se había encaprichado. Por el simple placer de cruzar unas palabras con ella, le compra un par de guantes nuevos cada día, o incluso dos. La cómoda del cortesano estaba repleta. A los veintitrés años, Annie debuta en el nuevo departamento de guantes, en el sótano. Ella los presenta (por el reverso) sobre su falda y habla de ellos como nadie. Bajo su tutela, los guantes cobran vida. Dos veces al año, prepara unas colecciones de guantes de colores atrevidos. Annie desarrolla el color, en la casa tribal que, hasta la fecha, ha creado más de setenta y cinco mil tonalidades de colores. Un «naranja caja», un «beige arena mojada», un «blanco tiza», un «azul arrepentido»…

Para sus nuevos escaparates, Émile Hermès pide a Annie que disponga a su antojo los artículos de los talleres. Tras unos días de preparativos, el jefe descubre sillas volcadas y marcos de cuadros vacíos tirados por el suelo, un guante que apunta con el índice hacia ninguna parte y unas sillas de montar tumbadas boca abajo. Nada parece estar a la venta y todo está patas arriba.

«¿Qué es todo este desorden?», pregunta Émile Hermès a la joven Annie. Silencio. Y el jefe (3.ª generación) concluye: «¡Sobre todo, no cambie usted nada! Está perfecto así».

El verbo *bousculer* («empujar, revolucionar») combina dos palabras del francés de finales de la Edad Media y principios del Renacimiento: *bousser* («chocar») y *buler* («caminar hacia atrás»). En el retrovisor, vemos a Annie *bousculer* los escaparates de 24 Faubourg durante cincuenta años, hasta 1978.

Canto XII

Fetiche

Espejos, cuentas de vidrio, navajas, horquillas y hachas... Olvidarse de las baratijas cargadas en la bodega de la Santa María de tres mástiles rumbo a las Américas. Émile Hermès se encarga de enviar al Nuevo Mundo los mejores productos de los talleres de 24 Faubourg. En Nueva York, en la East 53rd Street, se inaugura la gran tienda Hermès en presencia del dramaturgo Paul Claudel, entonces embajador de Francia en Washington. El *stock* previsto para el primer año desaparece en un semestre. Todo se vende, pero nada se paga, si no es a crédito. El crac de Wall Street de octubre de 1929 reduce a cero las deudas. La tienda cierra sus puertas precipitadamente. Émile Hermès envía a sus yernos Jean-René y Robert a salvar lo que se pueda. Jean-René (4.ª generación):

> Me sucedió un día que, al llamar por teléfono a uno de nuestros clientes deudores, la secretaria me dijo que su patrón acababa de saltar por la ventana. De esta manera se saldó, por decirlo así, nuestra tentativa de afianzarnos en suelo estadounidense. Inútil decir que fue extremadamente costoso para la casa.

La varadura en las orillas de Manhattan tendrá como consecuencia el naufragio del buque insignia —como llama la tribu a 24 Faubourg— en la orilla derecha del Sena. La casa Hermès va a desaparecer. Sumergida. Hundida. En el orden del día: inventario y declaración de quiebra. En su despacho, Émile Hermès se reúne con un posible comprador. Théophile Bader dirige los florecientes grandes almacenes de la Rue La Fayette. Con su primo Alphonse, han creado, a finales del siglo XIX, la empresa familiar, las Galeries, en los setenta metros cuadrados de su antigua mercería. El negocio no deja de expandirse en el barrio Haussmann, mediante la adquisición de edificios contiguos. Una cúpula corona sus noventa y seis secciones difundiendo sus luces doradas sobre la mercancía. El objetivo de los grandes almacenes es convertirse en «el bazar del lujo». En el despacho museo de 24 Faubourg, la venta de Hermès está a punto de firmarse. El comprador se halla extasiado ante los objetos de la colección y encantado por la adquisición en ciernes. De repente, Émile Hermès se levanta y pone fin cortésmente a todas las negociaciones. En palabras de Menehould:

> La colección nos salvó. Aquí, siempre hemos pensado que había talismanes entre los objetos. Buenos genios cuya presencia física, material, tiene sentido. Eso era cierto en tiempos de Émile Hermès, y lo es aún más en nuestra era digital, sea cual sea su coste. La presencia de los objetos importa de verdad.

Émile Hermès organiza el rescate de su empresa. En 1931, ya tiene la edad de los hombres que han superado su esperanza de vida. De los ministerios a los talleres de 24 Faubourg, se le ve correr y subir escaleras, de dos en dos, como siempre. Durante varios meses, los empleados aceptan una fuerte reducción de sus salarios y los proveedores aplazan el cobro de sus letras de cambio. Solo los banqueros se niegan a contribuir al plan de rescate. En 24 Faubourg, la tribu sale del apuro y el buque insignia vuelve a su línea de flotación. En palabras de Nina, costurera y delegada sindical de la CGT:

> ¿Sabe lo que salvó la situación? Para que se dé cuenta del espíritu obrero de entonces. Nos llamaron a todos los delegados. Estábamos pasando una mala racha. Entonces nos pagaban a la semana. Nos dijeron: «Esto es lo que hay, necesitamos dinero. Si les pagamos, cerramos la casa, así que les pedimos que estén sin cobrar al menos quince días, cobrarán más tarde, depende de ustedes». Todos estuvimos de acuerdo. Y eso fue lo que salvó la casa, lo cual muestra un poco cuál era el espíritu. Le teníamos cariño a la casa. Si el señor Hermès nos hubiera pedido que nos arrojásemos al agua, lo habríamos hecho.

En su búsqueda de una ruta marítima que los condujera a la India por el cabo de Buena Esperanza, los navegantes portugueses del siglo XV llamaban *feitiços* («fetiches») a los objetos de culto de los pueblos del golfo de Guinea. No son objeto de trueque ni de venta. No tienen precio.

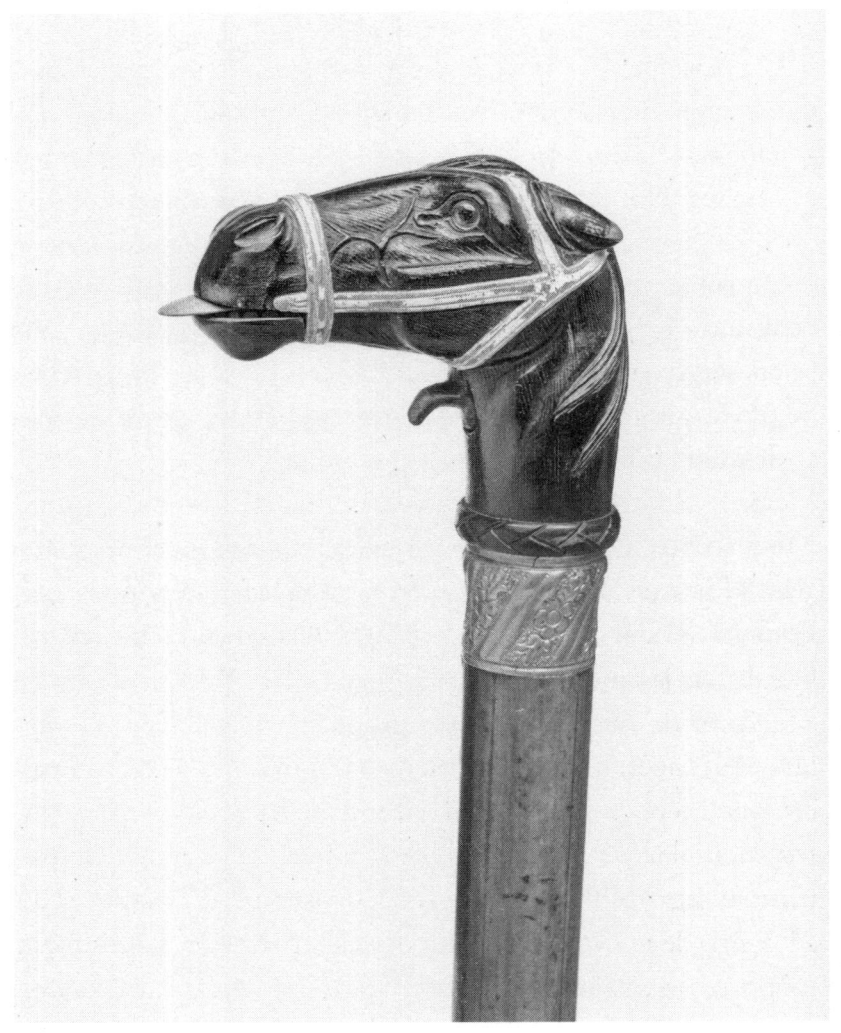

Bastón con mecanismo oculto, también llamado bastón impertinente. Finales del siglo XIX-principios del XX, alt. 89 cm. Al nivel de la garganta, un pulsador activa un sistema que permite al caballo sacar la lengua.

Canto XIII

Guantes

Las primeras notas parisinas del *boogie-woogie* resuenan en las ventanas de 24 Faubourg. Le Bœuf Sur le Toit, justo al lado, se convierte en el music-hall del París de los locos años veinte. Se tocan composiciones de los jóvenes Gershwin y Cole Porter, se descubre el jazz, una música de liberación. Allí acuden Pablo Picasso, Georges Braque, Igor Stravinsky, Sergéi Diáguilev, Mistinguett, Joséphine Baker, Louis Aragon, Darius Milhaud, Jean Cocteau, Blaise Cendrars, Ernest Hemingway, Francis Poulenc, André Breton, Erik Satie, Charlie Chaplin, Maurice Chevalier, Jacques Prévert...

Al jazz se le atribuyen varias etimologías. Jazz, de *jaser*, «charlar» en francés, una lengua todavía popular en Nueva Orleans en aquella época. La música hace mucho ruido, los vecinos protestan. En la Rue Boissy d'Anglas, las quejas por escándalo nocturno obligan al Bœuf Sur le Toit a trasladarse del número 28 al 21, luego de nuevo al 28, antes de acabar en el 33, y finalmente un poco más abajo, en el barrio... Jazz, de «jazmín», ¿el perfume favorito de los *jazzmen*, clientes de prostitutas? ¿Jazz, de *jizz*, «eyaculación» en argot? ¿Jazz, de la palabra bantú *jaja* («bailar») o *jasi* («estar excitado»)? Todos estos orígenes designan la energía vital de un nuevo mundo por engendrar. El discreto Faubourg se convierte en el epicentro de un volcán que se suponía apagado.

Algunos fieles del Bœuf Sur le Toit se detienen ante los intrigantes escaparates de 24 Faubourg y entablan amistad con Annie, la encantadora escaparatista. Por amistad, el artista Foujita pinta un escaparate efímero, y Jean Cocteau compone uno sobre el tema de la mano. En una fotografía de Man Ray, posa como un dandi del siglo XIX, con las manos enfundadas en unos guantes de esquí Hermès en primer plano. El guante, motivo recurrente en sus dibujos y poemas, oculta y revela a la vez. Nadja, la heroína epónima de la novela de André Breton, lleva unos guantes azul pálido que trascienden las apariencias. *Nadja*, texto fundador del surrealismo publicado en 1928, el año de los primeros escaparates de Annie para 24 Faubourg, reivindica que hay que dar cabida a lo maravilloso, al azar y a la creación, a la libre asociación de los sueños y el inconsciente. Y en *Los pasos perdidos*, Breton concluye: «Ahora sabemos que la poesía debe conducir a alguna parte».

En su taller, André Breton colecciona objetos, al igual que Émile Hermès, así como máscaras y piezas para, según él, apropiarse de sus poderes. Esta afirmación vanguardista ya no es prerrogativa de tribus remotas. ¿Qué sugiere el jefe cuando, en esa misma época, pide que no se altere nada del «batiburrillo» de sus nuevos escaparates? Annie expondrá allí guantes durante medio siglo. Desempeñan papeles compositivos, saludan la llegada de la reina de Inglaterra, se convierten en peluca de Luis XIV o en alas para sillas de montar voladoras.

Los tabiques que separan el despacho museo del jefe, la tienda y los escaparates se evaporan. Se encuentran piezas de la colección de Émile Hermès expuestas entre las creaciones de los talleres. A veces no hay nada de 24 Faubourg en el escaparate, salvo un guante. Por Pascua, huevos de cocodrilo, ni siquiera chocolate. ¿Quién vende qué? Annie propone a los peatones del Faubourg adivinanzas compuestas con instrumentos musicales, sillas del parque público o gorriones parisinos que se aventuran hasta los talleres. El *Manifiesto surrealista* ambiciona «transformar la vida». Annie empapela las paredes de su escaparate con los horarios de la SNCF, sus trenes parten hacia todos los destinos posibles. Presencia a través de la ausencia: un caballo ha dejado la huella de sus cascos en la arena, y también su excremento fresco y reluciente. Los escaparates de Hermès son un teatro. En su lenguaje de signos, la titiritera enguantada de 24 Faubourg se dirige a los transeúntes, humildes o importantes. Annie, hija del pueblo, les habla sin rodeos. El cazador se convierte en cazado, el caballo en *jockey* y el débil triunfa sobre el fuerte. En sus escaparates, como en su vida, Annie se guarda en la manga los reyes de corazones y reparte las cartas a su antojo. Llama a todos *mon chéri* («cariño»), fascina a unos e incomoda a otros. Recuerdos de Jean-René, yerno de Émile Hermès y vicepresidente del Consejo de Administración (4.ª generación):

Un buen día, una señora entra en la tienda, muy digna, gritando, y empieza a explicar que es absolutamente escandaloso que una casa hasta entonces tan respetable como la nuestra caiga en el gusto depravado de la época con escaparates eróticos. Acompaño a la señora a la acera para examinar el cuerpo del delito y veo un magnífico espárrago alrededor del cual Annie había enrollado un guante. «¡Se da usted cuenta, dice la señora, de que he pasado por delante de este espárrago con mi nieta!». A lo que respondí, tratando de mantener la compostura, que a menos que su nieta estuviera muy adelantada para su edad, sin duda no se había dado cuenta de la alusión que también se nos había escapado a nosotros, y que ella era la primera de todos los transeúntes del Faubourg en darse cuenta. La señora se marchó y el espárrago se quedó.

En un escaparate, unas babosas de diamantes devoran lechugas frescas que unas ayudantes replantan cada día. Años más tarde, unos rábanos pelados y tallados en filigrana requieren los mismos cuidados, y las ayudantes se pasan el día pelando… Annie da largas a las peticiones de los responsables de los distintos departamentos para promocionar un artículo. Cuenta con el apoyo de la dirección y con el afecto de los niños de la familia. Recuerdos de infancia de Pascale (miembro del Consejo de Administración, 6.ª generación), bisnieta de Émile Hermès:

Annie olía bien, era alegre, redonda y muy femenina. En su taller, nos hace cortar, pintar cuentas y pegar semillas de crisantemo o de loto. Había abundancia de todos los materiales: trozos de cuero y seda, cintas, botes de pegamento, enormes latas de legumbres, lentejas rosas o verdes… Un lugar mágico. Me daba la impresión de ser Alicia en el País de las Maravillas.

Sacha Guitry le presta a Annie su colección de moldes de manos de personalidades. La escaparatista los coloca delante de unos biombos en los que están dibujadas al carboncillo, por Jean Cocteau, en diferentes poses, las propias manos del dramaturgo. En la tienda, Sacha Guitry exige que se le llame «maestro» y es reacio a saldar sus deudas. Como manifiesta su deseo de comprar una joya, el director le pide al maestro que pague al contado esa nueva adquisición. Sobreactuando su indignación, el actor exclama: «¿Al contado? ¡Ni atado!». Jacques

Prévert, que también se relajaba a la hora de saldar sus deudas, envía una nota de disculpa en la que se pinta a sí mismo como un burro. ¿Dónde está la realidad, dónde la fantasía? Dos antiguos aviadores de la Primera Guerra Mundial se dan cita reiteradamente en la tienda para acabar comprando, tras muchas tergiversaciones y regateos, un solo par de guantes. Uno perdió la mano derecha en la guerra, el otro la izquierda.

El guante de madera tallada realizado por Roger, el maestro guantero proveedor de 24 Faubourg, enamorado de Annie, pasará a formar parte de la colección de Émile Hermès. El molde en bronce del guante de la Nadja de André Breton, también. El guante, símbolo de irrealidad para los surrealistas, se convierte en objeto transicional de una casa que se define como país, como territorio de la mano.

Cuando Émile Hermès (jefe de la tribu, 3.ª generación) muera en otoño de 1951, Annie colocará una fusta en el suelo del gran escaparate.

Cuando Robert, yerno de Émile y jefe de la 4.ª generación, fallezca a su vez en 1978, Annie convocará a los querubines pétreos de la terraza en su escaparate, el último. Y descenderán.

Hacer visible lo invisible, ese habrá sido el cometido de Annie en 24 Faubourg durante medio siglo. Le sucede su discípula Leïla, y después Antoine. Solo tres decoradores en cien años. Cada temporada, los doce escaparates —un territorio sagrado de unos quince metros cuadrados para el escaparate que hace esquina— cuentan una nueva historia, a veces inspirada en relatos antiguos. En la primavera de 2023, Antoine rinde homenaje a Annie, su antecesora. Un plumajero devolverá la vida a los gorriones de otros tiempos, tres cuartas partes de los cuales desaparecieron de París entre 2003 y 2016.

Los jefes de la 5.ª y 6.ª generación descubren en familia los nuevos escaparates desde la acera, entre los curiosos y un puñado de invitados, mientras se levanta el telón en un acto ritualizado. Cuatro veces al año, cuando el día da paso a la noche, esta ceremonia en 24 Faubourg es tan breve como esencial. En todo el mundo, tribus dispersas celebran el paso de una estación a otra, solsticios y equinoccios, la llegada de lluvias benéficas o el retorno de primaveras floridas. Se bailan promesas de futuras cosechas, se cantan homenajes a los antepasados y se aplauden las subidas del telón. Pero ¿qué se aclama exactamente en la acera del Faubourg? ¿Las sorpresas que ocultan los nuevos escaparates o el anuncio de un eterno retorno?

Canto XIV

Relinchos

Marc, el responsable del «Conservatorio de las Creaciones y de la Transmisión de los Saberes Artesanales», dispara una flecha. Esta vuela de 1923 a 2024, recorriendo tres paredes de una sala iniciática abierta a quienes, en el siglo XXI, descubren la historia de la tribu y a los equipos artísticos en busca de inspiración. Para ilustrar su línea de tiempo, Marc pega en la pared más de mil pequeñas fotografías de bolsos tribales. Antes de 1923, algunas referencias de una génesis elíptica:

1837: Thierry Hermès (jefe, 1.ª generación) abre en París su manufactura de arneses.

1860: registro de la primera patente de una baticola con morcillo elevador que permite sujetar la cola del caballo en penacho sin sufrimiento.

1867: un par de arneses de piel de cerdo son premiados en la Exposición Universal de Arte e Industria de París.

1880: Charles-Émile Hermès (jefe, 2.ª generación), hijo de Thierry Hermès (jefe, 1.ª generación), traslada los talleres de la Rue Basse-du-Rempart al número 24 de la Rue du Faubourg-Saint-Honoré y abre una tienda. En la buhardilla, el dormitorio de niño de Émile Hermès (jefe, 3.ª generación).

De 1923 a 2024: cientos de bolsos Hermès, grandes y pequeños, de mano, en bandolera o con correas, bolsos cabás, bolsos alforja, bolsos *pochette* y baúles. Todos han sido bautizados con un nombre tribal asociado a su fecha de creación. Entre estas piezas de marroquinería, algunos intrusos (carré de seda, corbata, perfume…) sugieren ligeras oscilaciones, sin inflexión, en la carrera rectilínea de la flecha temporal.

¿Después de 2024? Nada, salvo una R mayúscula. Quien piense en la R de Ragnarök —el fin de los tiempos en la mitología escandinava— se equivoca. Es la R de *retraite*, «jubilación», la de Marc. Empezó su carrera como marroquinero en 24 Faubourg, justo después de la moda de los objetos desechables: mecheros, bolígrafos, toallas de papel, vajillas de plástico y cámaras fotográficas. A contracorriente, el jefe Jean-Louis (5.ª generación), con su Leica en bandolera y una caja de acuarelas en el bolsillo, afirma que «no existe la creación amnésica».

Confía a Marc un proyecto de investigación sobre la conservación y la transmisión de los saberes de la casa. En 24 Faubourg, el despacho del jefe linda con el taller del marroquinero. En palabras de Marc, responsable del Conservatorio de las Creaciones:

Entré en Hermès porque me fascinaba la belleza. Mi bisabuelo era zapatero. Yo empecé haciendo cosillas con sus retales de cuero, luego tallé piedra, soplé vidrio y estudié Filosofía. Siguiendo el consejo del farmacéutico del pueblo, me presenté en 24 Faubourg. Mi banco de trabajo era del tamaño de mis dos brazos abiertos, era el universo entero. Para llevar a cabo mis investigaciones sobre la conservación y la transmisión de los saberes artesanales, empezamos por solicitar a algunos clientes objetos fabricados en el pasado en nuestros talleres. Al principio, nuestro Conservatorio se alojaba en armarios, luego en un sótano donde trabajé durante quince años. Sin ver la luz del día. No me sentía en absoluto infeliz. Los objetos empezaron a hablarme. Entablé un diálogo con ellos, que sigo manteniendo hoy en día.

La etimología de la palabra «hermético» remite a la forma en que los alquimistas sellaban sus recipientes llenos de misterios. Hace referencia a Hermes Trismegisto, «Hermes tres veces grande», el nombre atribuido por los griegos al dios egipcio Thot. Para los alquimistas, el escriba de los dioses con conocimientos ilimitados era la figura tutelar de su obra, el trabajo del espíritu sobre la materia. Menehould, la directora del departamento del patrimonio tribal, alimenta ese vínculo de filiación entre Hermes y hermetismo. Apunta a una raíz muy antigua común a Armonía, Eros y Hermes. Relaciona el yugo de los bueyes trabajando en atalaje con el arnés de los dos caballos del logotipo tribal. Cita a Platón, los Vedas indios y los libros eruditos del siglo XIX. Hermès, hermético, herme-, er-, Eros, el dios del amor y de la fuerza creadora... Los catálogos de 24 Faubourg de los locos años veinte guardan aún el recuerdo de muchos tapones americanos y corchos pulidos con esmeril para un cierre perfecto. Fascinan a Émile Hermès (jefe, 3.ª generación), que registra varias patentes evocando «cierres nuevos».

En el Conservatorio de las Creaciones, Marc observa, toca, huele, imagina... Como un alquimista, descifra lo que narran los objetos. Nadie le ha contado nunca esa historia de las creaciones tribales; él la fabrica de cero, cosiendo cada pieza, como un marroquinero, y la comparte con quien quiera escucharlo. Marc asocia la redondez de un tornillo de arnés del siglo XIX con la de unos gemelos de los años veinte, y luego con el tapón de un frasco de perfume de 1951. Para él, el bolso *Passeguide* de 1975 constituye una clave determinante y sutil para aprehender la filiación de las creaciones tribales. Marc tiende a los visitantes una caja de cigarrillos del periodo de entreguerras bautizada *Guess* («Adivina») y les pide que la abran. Con las dos manos —«A fuerza de villano, ¡hierro en mano!»— es imposible; con una sola, se revela. Para Marc, esta cajita aparentemente insignificante es una de las piezas más bellas del Conservatorio. Recuerda la época en que los atalajes de varios caballos eran conducidos con una sola mano: cada dedo permitía guiar a cada caballo sin desvelar las intenciones de la conducción. La fusión del hombre con el animal, sin servidumbre, se concentraba en cinco dedos. Durante el periodo de entreguerras, los talleres de 24 Faubourg fabricaban objetos manipulables con una sola mano. En palabras de Marc, director del Conservatorio:

> Sabíamos lo que era bello en un arnés o una silla de montar, pero ¿qué era bello en una caja, un bolso o un carré de seda? Tuvimos que incorporar los códigos de la elegancia de la doma a esos nuevos objetos. Con el auge del automóvil y la Primera Guerra Mundial, ¿crees que el caballo murió dos veces a principios del siglo xx? En absoluto. En nuestros talleres, el caballo nunca murió y, en mi opinión, el 80 por ciento de nuestros objetos siguen relinchando.

Cada pueblo tiene su propia concepción del tiempo. Algunos se refieren a una flecha, otros a una rueda, un elástico o un soplo; para otros, el tiempo es una ilusión total. «¿Qué es, entonces, el tiempo? —se pregunta san Agustín (*Confesiones*, libro XI) en el siglo I de nuestra era—. Si nadie me lo pregunta, lo sé; pero si quiero explicárselo al que me lo pregunta, no lo sé». Los aimaras de los Andes ven el pasado delante de ellos y el futuro detrás. También en 24 Faubourg, Menehould recuerda satíricamente las palabras bíblicas del pastor Dumas, en la celebración de la boda de Julie con Émile Hermès: «¡Acordaos de vuestros conductores!». La directora del patrimonio cultural de la tribu las interpreta así:

> El pasado no es el territorio de quienes están detrás, sino de quienes están delante.

Tanto si el tiempo es una flecha como una pompa de jabón, la pregunta permanece inalterable en los talleres: «¿Qué es la belleza en la técnica?». Marc contesta con una palabra: «¡Eficacia!», y a continuación expresa en inglés la búsqueda de los guarnicioneros británicos del siglo XIX: *Plainer, finest and lighter*, lo más sencillo, lo más fino, lo más ligero. Este ha sido el credo de los talleres tribales desde 1837. Mira estas costuras de arnés empotradas, una técnica extrema. Mira este modelo ultraligero de coche hipomóvil en madera de pacana, los radios de sus ruedas están pintados para crear la ilusión de su evanescencia y del vuelo del coche. Mira esta pitillera de señora, su cuero tiene cien años, su ligereza raya en la inmaterialidad. Mira el objeto más allá de las modas y accede a su dimensión espiritual. Como Émile Hermès hace un siglo, Marc señala con el dedo y dice: «¡Mira!». Y el visitante atento, con los ojos muy abiertos, sigue mirando únicamente el dedo. En palabras de Marc:

> En guarnicionería, al igual que en este bolso o en este estuche de viaje de los años treinta, se daban 14 puntadas por pulgada, siendo la medida la anchura del pulgar de Carlomagno: 2,707

centímetros. Carlomagno, ¡el gran Carlos, que murió en 814! La medida de su pulgar se sigue utilizando en nuestros talleres del siglo XXI. Podemos dar 6 u 8 puntadas, pero para nosotros la belleza son 14 puntadas. ¿Por qué juntar tantos puntos en 2,707 centímetros? Solo para probar, sin hacer alarde de ello, nuestro virtuosismo. ¿Para qué sirve una catedral si no es para hacer algo bello con encaje de piedra? En esta casa, cuando empezamos a hacer cinturones, los agujeros solo podían ser ovalados. En los atalajes, para que pasara el grueso hebijón, hacíamos un agujero ovalado que permitía unas tiradas de cuero lo más finas posible, porque era el más plano. En esto consiste la belleza en nuestra casa. Es un *ethos* sin barniz.

Se dice que el caballo relincha para restablecer el contacto tras una separación. El periodo de entreguerras es una época de desarraigo y emigración hacia una Francia por reconstruir para cientos de miles de europeos que huyen de la pobreza, el bolchevismo, el fascismo, el nazismo y el antisemitismo. París habla italiano, polaco, español, ruso, checo, yidis... Lola, Hugo, Nina, Victor, Juan o Catherine: una polaca, un alemán de los Sudetes, una anarquista italiana, un ruso blanco, republicanos españoles y una condesa húngara. La casa acogerá a los sin patria y su trabajo relincha en 24 Faubourg.

Lola, la primera diseñadora tribal, ha huido de Polonia. Lleva consigo a su exilio unas combinaciones de colores y unos estampados nunca vistos en París. Sus prendas de punto y sus bordados conquistan rápidamente a la clientela de los años locos. Le siguen las prendas deportivas de invierno, los trajes de baño y los primeros echarpes a juego con la ropa de playa, que anuncian los carrés del futuro. Siguiendo la estela del artista

Mondrian, nacen los bolsos y las maletas con incrustaciones de formas geométricas de vivos colores. Émile Hermès acoge con una sonrisa las metamorfosis de la casa familiar.

Descubierto en un mercadillo, un juego de mesa del siglo XIX celebra las compañías de ómnibus hipomóviles que circulaban por París. ¡Bingo! Este juego inspira a Robert, yerno de Émile (jefe, 3.ª generación) y futuro jefe, un primer diseño impreso en sarga de seda con tres círculos de ómnibus en un carré de noventa centímetros: *Jeu des omnibus et dames blanches* («Juego de ómnibus y damas blancas»). Robert sigue investigando hasta su muerte, ayudado a partir de los años cincuenta por Hugo, un diseñador de origen checo que llegó a 24 Faubourg por recomendación de una asociación protestante de ayuda a los refugiados.

Cuando nace el primer carré en 24 Faubourg, en 1937, el mundo ya no va bien. El exiliado Pablo Picasso pinta el *Guernica* en su estudio de París. El 26 de abril de 1937, el pueblo vasco del mismo nombre ha sido blanco de bombardeos aéreos ordenados por Franco y llevados a cabo por la Alemania nazi y la Italia fascista. Era un día de mercado. Mil ochocientas víctimas. En apoyo al pueblo y a los republicanos españoles, Picasso pinta en blanco y negro, en una escala de grises, una obra maestra de 3,51 metros de alto por 7,82 metros de ancho. No existe la creación amnésica: según los historiadores del arte, el *Guernica* se inspira en los trípticos flamencos del siglo XV, *La masacre de los inocentes*, de Nicolas Poussin (1629), o Rubens (1612), el *Tres de mayo*, de Goya (1814), el manuscrito iluminado del *Apocalipsis de Saint-Sever* (hacia 1060) y la *Pietà*, de Miguel Ángel (1499). Aquí, una madre grita con su hijo muerto en brazos. Allá, un toro poderoso e impasible enseña los dientes. En el suelo, un soldado decapitado. En el centro del cuadro, bajo la ardiente bombilla del sol: un caballo destripado, con la boca abierta y la lengua como un cuchillo. Sus relinchos son los gritos de dolor del pueblo.

En el número 4-5 de la revista *Les Cahiers d'Art* de 1937, Michel Leiris redacta un «aviso»: «En un rectángulo blanco y negro como el que se ve en la tragedia clásica, Picasso nos envía nuestra carta de pésame: todo lo que amamos va a morir».

Vemos a Émile Hermès (jefe, 3.ª generación) fotografiado en la acera del número 24 de la Rue du Faubourg-Saint-Honoré para la revista *Marie-Claire* del 16 de junio de 1939. Viste un traje cruzado tan oscuro como su corbata y su bombín. Sostiene unos guantes en la mano derecha. El jefe, de setenta y ocho años, se inclina ante el escaparate como quien saluda a un ser querido con respeto. ¿Está anticipando el próximo eclipse planetario, del que hablan los periódicos? Duraría del 1 de septiembre de 1939 al 2 de septiembre de 1945. Caqui y verde grisáceo serán sus colores crepusculares.

Canto XV

Guerra 2

Al amanecer del 14 de junio de 1940, las fuerzas de ocupación entran en París. La oriflama nazi incendia la torre Eiffel, la Wehrmacht desfila por la Avenue des Champs Élysées, una V mayúscula y su pancarta gigante DEUTSCHLAND SIEGT AN ALLEN FRONTEN («Alemania triunfa en todos los frentes») achican la Asamblea Nacional. Alrededor de 24 Faubourg, los alemanes se acomodan a sus anchas en los palacios, y el gobierno militar nazi se instala en el hotel Crillon de la Place de la Concorde. Los oficiales se divierten en el Círculo Interaliado, sito en el número 33 de la Rue du Faubourg-Saint-Honoré, y en el número 62 aterriza el cuartel general de la Luftwaffe. La sede del Partido Nazi en Francia, la de propaganda y los estudios de Radio-Paris, el Círculo de los Nazis y la seguridad general de la Gestapo toman el barrio del Faubourg. Los relojes parisinos se ajustan rápidamente a la hora alemana. Siguen 1.533 noches de ocupación y crímenes.

Un yerno de Émile Hermès, Jean-René, esconde el libro de visitas de 24 Faubourg en el banco, «para que no sea profanado por las fuerzas de ocupación. El libro volverá a abrirse cuando París sea liberada, y debutará de nuevo con la firma del general Patton, que siempre había sido un buen cliente de la guarnicionería».

Dos de los tres millones de parisinos han huido. En un recorrido inverso al de todo este éxodo, Marcelle, con veinte años, llega a la capital. Los alemanes han bombardeado su casa familiar cuando su hermana estaba dando a luz; el recién nacido acabó «encima del aparador». Formada como vendedora-escaparatista, Marcelle busca trabajo en un Faubourg ahora desierto. El encargado de la tienda que la acoge no es otro que Georges, el muchacho del Canto IV («Reino»). En 1903, había cruzado la misma puerta del número 24 de la Rue du Faubourg-Saint-Honoré del brazo de su madre, con una timidez semejante a la de Marcelle ese día de 1940. En un París incierto, la joven vendedora-escaparatista consigue un empleo de oficial de segunda en el departamento de decoración. En palabras de la propia Marcelle:

> ¡Me dio un bajón tremendo, encontrarme trabajando en un sótano con luz eléctrica! Lloraba a moco tendido. Estaba sola en un rincón y hacía frío. No había calefacción durante la guerra.

El taller de los escaparates tiene el tamaño de un camarote de barco. Al timón desde los locos años veinte, Annie, la jefa, conduce su esquife hacia nuevas tierras. Ahora tiene que navegar por un mar tempestuoso. ¿Qué poner en el escaparate? Todo escasea y los talleres funcionan al ralentí. Marcelle envuelve los escaparates con tela, del suelo al techo; cada cambio de color transmite la ilusión de un nuevo universo. De acuerdo con el jefe, Émile, la escaparatista Annie decide exponer los objetos del museo (que no es un museo). Un carruaje de niño del siglo XIX tirado por dos cabras, el neceser de viaje de la reina Amelia de Orleans, una maqueta a escala de una carreta de la India enganchada a dos cebúes, una silla de montar cuadrada «a la real» de terciopelo rojo del siglo XVII... Nada está en venta. En el escaparate, los fieles guantes de Annie siguen susurrando un lenguaje de signos desconocido para los miembros del ejército de ocupación.

En palabras de Menehould, la directora del patrimonio cultural:

> He encontrado en el diario de Robert (jefe, 4.ª generación) un pequeño mensaje recortado de un periódico de la época: «¡Poned escaparates, pero sin ostentación!» En efecto, habría sido un disparate exhibir el lujo en los escaparates cuando la mitad de la población pasaba hambre. Hermès solo cerró unos días, se trabajaba, pero sin excesos.

La ley del 17 de septiembre de 1940 fija las raciones de pan, azúcar, harina, grasas y carne que cada francés, en función de su categoría por edad y por la dureza de su trabajo (A, T, C, V, E, J1, J2…) puede adquirir presentando su cartilla individual de racionamiento. La J3 Marcelle (Jóvenes de trece a veintiún años) dispone de raciones menos frugales que su jefa Annie, de la categoría A (Adultos de veintiuno a setenta años). La categoría V (Viejos de setenta y un años en adelante) de Émile Hermès es la más desfavorecida. Las fuerzas de ocupación también espolian para su ejército cuero, textiles y la seda de los paracaídas. Las revistas femeninas están llenas de consejos sobre cómo coser vestidos utilizando diversas telas recicladas o antiguas cortinas. Las medias de mujer, desaparecidas, se sustituyen por tintes a base de té para las piernas, con costuras falsas dibujadas sobre la piel con lápiz negro. Marcelle ve cómo los clientes llegan a 24 Faubourg con su propia tela o su propio cuero. En cuanto a las joyas, la gente tiene que llevar su propio metal. Todo se compra con cartillas de racionamiento;

se necesita un determinado número de puntos para obtener los tejidos, y otro para los zapatos de paja. Una nueva ley regula la longitud de los dobladillos y la anchura máxima de los cinturones (cuatro centímetros).

En 1942, Annie expone en el escaparate una cesta de pícnic adornada con un trozo de pan y un salchichón de verdad, y los transeúntes se quejan. La joven Marcelle es reprendida y tiene que retirarlo todo. Cuando suenan las sirenas antiaéreas, 24 Faubourg cierra sus puertas e invita a los presentes a refugiarse en el sótano. En palabras de Marcelle, de veinte años, trabajadora del taller de decoración:

> Cuando cerraba la tienda, me iba a jugar al fútbol al Jardin des Tuileries. Durante las alertas, Henri, Bernard, la cajera Bébeth y yo tumbábamos las preciosas escaleras de madera de los escaparates para hacer yincana con nuestras bicicletas. Eran tiempos de guerra y nuestras tonterías nos daban mucha vida. Hicimos muchas locuras durante la guerra, nunca nos habíamos reído tanto, éramos unos gamberros. Teníamos veinte años. El señor Hermès no decía nada. Aprovechábamos al máximo el momento presente, al día siguiente podríamos estar muertos. Y cuando tenía que montar el escaparate, siempre descalza, levantaba los dedos de los pies, lo cual hacía reír a todos los de la tienda. Hacía el tonto en los escaparates, y los curiosos, fuera, se partían de risa. Hasta Annie hacía todo tipo de payasadas. Todo el mundo gastaba bromas, estábamos en guerra.

En la terraza de 24 Faubourg, Marcelle recibe clases de primeros auxilios, y se ríe mucho con la nieta del jefe. Bautizada como «Zazou» por Émile Hermès (jefe, 3.ª generación), Marcelle encarna la figura de esa juventud aborrecida por las fuerzas de ocupación y sus colaboradores. La forma de vivir y de vestir de esos jóvenes, apodados zazús, su amor por el *swing*, por América e Inglaterra: todo los enfrenta a la propaganda del régimen colaboracionista de Vichy. Las juventudes fascistas y nazis de Francia tienen un lema: «¡Rapad a los zazús!». La zazú de 24 Faubourg luce una melena rubia y rizada que hace que la gente se quede mirándola. En el metro lleva, «adrede contra los alemanes», su carré tribal *Guards*, diseñado antes de la guerra, en el que desfilan los *granaderos* del soberano británico. El pañuelo era de fibrana, una «seda artificial» fabricada con virutas de madera embebidas en sosa.

Los objetos de 24 Faubourg se amoldan a las restricciones. En la tienda hay maletas de cartón hervido, sandalias de rafia tejida a mano, una cartera de papel con un caballo en relieve, una báscula de pan en miniatura, una azucarera de metal plateado del tamaño de una caja de cerillas, y una cajita, apenas algo más grande, donde meter colillas para fumarlas después. Los seres humanos se someten a los dictados de la guerra. Marcelle ve llorar a Georges, el director de la tienda, cada vez que un trabajador tiene que marcharse de 24 Faubourg contra su voluntad para incorporarse al STO, el Servicio de Trabajo Obligatorio en Alemania. En los años de la guerra, Émile y Julie Hermès preparan paquetes con conservas y ropa de abrigo para los empleados de la casa que están presos al otro lado del Rin. Julie teje guantes y calcetines. Seis meses después de la fotografía del jefe sonriendo en su escaparate, aparece en la misma revista *Marie Claire*, con fecha del 22 de diciembre de 1939, preparando sendos paquetes con un saco de dormir, una manta de guanaco y unos guantes para sus dos yernos movilizados.

Émile Hermès explica: «Los guantes de piel están forrados de cachemira fina, que da mucho más calor que el algodón». Todo se va a pique, pero persiste el espíritu que vivifica.

Lejos del Faubourg, durante una ocupación de tierras anterior, el jefe indio Seattle de las tribus duwamish y suquamish se dirige al gobernador de las fuerzas de ocupación en 1854. Extracto de su discurso: «Cada parcela de esta tierra es sagrada para mi pueblo. Cada aguja de pino reluciente, cada playa arenosa, cada niebla en los bosques oscuros, cada prado, cada insecto con su zumbido. Todos ellos son sagrados en el recuerdo y en la experiencia de mi pueblo». Como todos, como en todas partes, 24 Faubourg tiene hambre y frío. A los trabajadores de los talleres se les ofrece un tazón de sopa caliente, dos para los guarnicioneros. Un capataz inglés comparte con los obreros de su taller la mantequilla enlatada de un paquete de la Cruz Roja británica. La casa conserva el recuerdo de una visitante que cambia un pollo de la zona franca por un carré tribal de seda.

En los archivos hay una carpeta poco conocida con elásticos que se han ido aflojando con el tiempo. Lleva una etiqueta manuscrita recortada en papel reciclado: «Historia del cultivo de la patata por la casa Hermès durante la Ocupación». El dosier contiene un centenar de cartas fechadas en 1943. Su tema: el «cultivo colectivo» de un campo en Normandía para alimentar al personal de 24 Faubourg. Marzo de 1943, compra de 1.500 kg de semillas, entrega de 500 kg. Abril de 1943, repetidos pedidos de abono y de insecticida para el escarabajo de la patata: «Solo nos da para abonar begonias en un jardín». Junio de 1943, búsqueda, infructuosa, de doscientos sacos de yute para transportar la futura cosecha. Por último, el transporte de los tubérculos a París requiere también numerosas autorizaciones. El dosier conserva el recuerdo de los nombres de sesenta familias de empleados que recibieron sacos de patatas Hermès. Antes de la guerra, la empresa empleaba a unas doscientas personas. ¿Quién falta? Los reclutados para el STO, exiliados en Alemania, los prisioneros de los *stalags* y los desaparecidos...

Menehould evoca el destino de Jean-Michel Frank, primo de Ana Frank. Este diseñador de muebles minimalistas, amigo, proveedor y vecino, huye de las leyes antisemitas de la Francia de Vichy y del celo de su policía. Su exilio lo conduce a Nueva York, su última escala, donde pone fin a sus días. En un escaparate de 1942, Annie exhibe una silla de director firmada Jean-Michel Frank, como homenaje a su muerte. Jean Cocteau escribe: «Jean-Michel Frank amaba lo invisible de la verdadera elegancia, y todo lo que saltaba a la vista le parecía odioso. La ordinariez de una forma, la vulgaridad de un tejido, la extravagancia de un color lo hacían salir corriendo. Sin duda ha saltado fuera de esta época porque la encontraba inhabitable y porque preveía el amorfismo que se avecinaba».

El escritor judío alemán Walter Benjamin había encontrado refugio en un París de preguerra todavía abierto a los desterrados. En la Biblioteca Nacional de Francia tradujo *En busca del tiempo perdido*, de Marcel Proust. También él se ve obligado a escapar, y también él acaba con su vida en su huida. Una vez, en la sección judía del Museo de Cluny, Walter Benjamin descubrió dos granos de trigo en los que alguien había grabado el *Shemá Israel*, el mensaje fundacional de Moisés a los hijos de Israel. Se asombró de que lo infinitamente pequeño pudiera contener lo infinitamente grande. En un París ocupado, ¿qué sentido tenía la costura de 14 puntadas cada 2,707 centímetros?

¿Qué valor tiene la medida del pulgar de Carlomagno frente a los crímenes nazis? ¿Qué hacer en una época en la que se impone el amorfismo?

En 1942, Émile Hermès recibe a la escritora Colette en la terraza de 24 Faubourg, donde se acaban de plantar patatas y tabaco. Los archivos tribales conservan la prueba original de este encuentro, un texto escrito, corregido y tachado de puño y letra de Colette, en su famoso papel azul. Extracto: «Tanto si lo llaman marroquín, como chagrín, piel de antílope o de becerro, el cuero fino no tiene rivales. Hoy solo podemos lamentar su desaparición. Pero Hermès sigue obstinado en una fabricación impecable, concentrado en su labor, solo ralentizada. Imite su paciencia, señora, usted, que quiere uno de esos bolsos de los que se dice que "no se ve el final de su factura". Sí, será suyo, ese bolso, llegará como llegarán los demás objetos de su razonable deseo, el guante, la cartera, el cinturón».

Durante la Ocupación, aparecen los bolsos de tela impermeable o de cuero procedente de la reserva. La tribu de 24 Faubourg los bautiza *Spes* («esperanza», en latín), *Acropole* (lugar donde refugiarse cuando todo va mal en la ciudad), *Vauban* (arquitecto de Luis XIV, experto en fortificaciones y en la defensa de una ciudad sitiada), *Regain* (*Renadío*, novela de Jean Giono, escrita en 1930, que narra el renacimiento de un pueblo muerto), *Rolland* (líder camisardo que, en 1702, dirigió la resistencia de las tropas protestantes en Les Cévennes). Un *carré Retour à la terre* («Retorno a la tierra»), ilustrado con el dibujo de un niño, dos carrés tricolores, *Les Zouaves y Les Coqs* («Los zuavos» y «Los gallos»). Una fotografía publicitaria de un bolso, tomada en la nieve del invierno de 1943, en la que la modelo lleva un cinturón tribal con una cruz de Lorena bordada.

Por fin llega el 24 de agosto de 1944. «¡París! ¡París indignado! ¡París roto! ¡París martirizado! Pero ¡París liberado!», proclama el general De Gaulle desde el ayuntamiento de la capital. Un hada con uniforme americano detiene su jeep frente al número 24 de la Rue du Faubourg-Saint-Honoré. Posa ante los fotógrafos. Alfred, el portero mutilado de la Primera Guerra Mundial (Canto V), aparece en el cliché. El hada con uniforme americano firma autógrafos a los curiosos con su barra de labios. En ese día de liberación en que todo es posible, el hada no es otra que Marlene Dietrich, la encarnación hollywoodiense de la belleza femenina. Nacida en Alemania y opositora a Hitler desde el principio, en su retorno a París sentada sobre cajas de municiones, decide detenerse en 24 Faubourg. Antes de la guerra, ahí compró un reloj de oro amarillo y rosa, en el que hizo grabar el nombre de su pigmalión, el cineasta Joseph von Sternberg. El reloj de 1935 había sido bautizado como *Clarté* («Claridad»). Esa noche, el eclipse de cuatro años de la Ocupación llega a su fin, con un baile en la terraza de 24 Faubourg. Émile y Julie Hermès reciben a los oficiales de la 2.ª División Blindada del general Leclerc. Su hija Aline, cercana a la Resistencia, Georges, el director de la tienda, Annie y Zazou forman parte de la veintena de invitados que reciben a los libertadores. Recuerdos de Zazou:

Pasamos una velada fantástica con la 2.ª DB de camino a Alemania. Hacía muy buen tiempo. Bailamos. Reinaba la alegría, era una locura. Era la Liberación, pero no lo recuerdo bien porque bailaba con un oficial casado. Todo el mundo estaba como en una nube, casi no nos lo podíamos creer. ¡Los bombardeos se habían acabado!

El jefe Robert (4.ª generación) guardará en un sobre las balas que, en las últimas horas de la batalla de París, rompieron un escaparate y rozaron la carpintería del despacho museo de Émile Hermès (jefe, 3.ª generación). Estas municiones figuran ahora entre los tesoros y fetiches de la colección. Menehould vela porque no se reparen los impactos en la madera del museo (que no es un museo).

A finales del siglo XX, el jefe Jean-Louis (5.ª generación) elabora una lista secreta de los que formarán su red de resistencia clandestina, si un día... En la parte superior, escribe el nombre de un miembro de la tribu, desconocido para la mayoría de sus compañeros.

En el siglo XXI, el jefe Axel (6.ª generación) recibe una carta de Dinamarca, de una señora muy mayor. Era estudiante en la Sorbona al final de la guerra, y había cambiado su paquete de alimentos de la Cruz Roja danesa por un bolso Hermès. Precisa que el director de la tienda dudó antes de aceptar el trueque. Acompaña su carta con una fotografía del bolso. Actualmente se está verificando la autenticidad de esta historia.

De las penurias de la Segunda Guerra Mundial, 24 Faubourg conserva el color naranja de sus embalajes. Antes era beige pálido, como la piel de cerdo entonces de moda. Cuando el proveedor se quedó sin colorantes, los tonos fueron desapareciendo uno tras otro. El último disponible fue el naranja. Atardecer, amanecer.

Una reedición del sillón cubo *Confortable* de Jean-Michel Frank, tapizado y cosido con punto guarnicionero, permanece cual centinela en el primer piso.

Copa en forma de urna funeraria, hacia 1942.

Un orfebre de la casa realiza en cautividad una copa en forma de urna funeraria para rendir homenaje a un compañero del regimiento, Jules Noël, subteniente de infantería, caído bajo el fuego enemigo en 1940 a los treinta y siete años. Era un atleta olímpico francés. A su regreso del campo de prisioneros, Jacques entrega su copa a Émile Hermès. Una carta evoca las condiciones de su fabricación. Menehould, directora del patrimonio, la deposita en la urna.

Esta copa en forma de urna funeraria ha sido fabricada durante un largo periodo de cautiverio, hacia 1942, en el Oflag IV-D, con medios improvisados. Entre los materiales utilizados, las latas de conserva constituyen lo esencial, así como el estaño recuperado, que sirvió para hacer las soldaduras y para fundir la granada de la parte superior de la copa, que simboliza la infantería. El interior de la copa es una semiesfera de contrapesos de suspensión eléctrica. El cobre utilizado para hacer las letras procede de casquillos, bombillas, y los atributos «espada» y «aros olímpicos», de fragmentos de cobre de recuperación. La resina que exuda la madera de abeto de las camas de los prisioneros fue el decapante indispensable para hacer las soldaduras. La fuente de calor se obtuvo quemando una mecha en grasa (comestible) y usando un soplete, también hecho con latas de conserva. El tiempo empleado fue el que un preso podía dedicarle.

Canto XVI

Obrero

Obrero: del latín *operare*, «trabajar con las manos»... ¡y jugar con los pies! Cuando se crea el equipo de fútbol de Hermès, Zazou es la única autorizada a entrenarse con los obreros. La jefa, Annie, le paga las clases en una autoescuela de la Avenue des Champs Élysées, decide su nuevo corte de pelo y le pide, en vano, que se maquille: «¡Pareces un pastel viejo que lleva ocho días en el escaparate!». Annie también le enseña a fumar en la centralita de 24 Faubourg, con Renée, la telefonista, y Aline, la hija menor de Émile Hermès. En medio de las volutas de humo y los claroscuros de la Liberación, la separación entre el mundo del trabajo, la familia y la casa se difuminan. Annie es «como una madre» para Zazou. La mayor se lleva a la jovencita del brazo a olfatear las tendencias parisinas en el Barrio Latino. Émile Hermès (jefe, 3.ª generación) aprueba estas escapadas, que los padres de Zazou desaprueban: «¡Para ellos, salir a pasear no es un trabajo!». Los días soleados, durante la pausa para comer, las escaparatistas se broncean en el Jardin des Tuileries o en la piscina de Deligny.

Operarius, «el que hace»: obrero, obra y ópera comparten el mismo origen latino.

¿Dónde está el escenario, dónde el taller?

Los que cantan o salen de una pantalla de cine, actores cómicos y trágicos del París liberado, desfilan por el estudio de decoración de 24 Faubourg. Sacha Guitry, con quien se mueren de risa, y que sigue siendo buen cliente y mal pagador, los fieles Cocteau, Prévert y Foujita, por fin de vuelta, la cautivadora Danielle Darrieux, apodada «la novia de París», los enamorados Yves Montand y Simone Signoret, Jean Gabin y Jean Marais (el ojito derecho de Zazou), todos acuden a saludar a la bella Annie. Tras la Liberación, se mantienen las restricciones. Con muy poquita cosa, sublimada poéticamente, Annie compone sus escaparates.

En el invierno de 1947, un carré cuelga de la rama de un árbol, el musgo fresco del suelo augura futuras floraciones. Verano de 1948, sobre el tema de los siete pecados capitales, en el escaparate «Lujuria», un cisne lleva joyas al cuello; una transeúnte se ofende: «¿Nos toman por gansos? —Pero señora, si son cisnes...».

En el invierno de 1949, un majestuoso pavo real prestado por un taxidermista es desplumado por las ratas de 24 Faubourg. Se instala una trampa para ratas y Zazou devuelve cándidamente los restos del pavo real a su dueño. Cuando Annie exige que las plumas se peguen una a una a un imponente caballo, a Zazou le cuesta tanto que su madre acude en su ayuda. Es una época de infinitas posibilidades y representaciones. El Élysée encarga a la célebre escaparatista del Faubourg la decoración del estrado del Vélodrome d'Hiver (conocido como «Vél d'Hiv»), donde el general De Gaulle pronuncia su discurso el 14 de diciembre de 1948. El Louvre, deseoso de abrir sus colecciones a un público más amplio, convoca a Annie para su exposición de cuadros de Leonardo da Vinci. En una crujía de la Grande Galerie, Zazou y su jefa instalan la Gioconda en un atril cubierto de terciopelo verde almendra. Ante el asombro de todos —«Era solo una broma, precisa Zazou»—, Annie finge prender una mariposa disecada en el hombro izquierdo de la Mona Lisa. Al conservador del Louvre no le hace ninguna gracia, y Zazou concluye del incidente:

Me pregunto si no deberíamos haber dejado la mariposa. Habría quedado mucho mejor así, y desde luego no había que hacer un drama de aquello.
Todo por una cabeza de alfiler...
¡Y le habría dado vida!

En el teatro de 24 Faubourg, desde los bastidores de los talleres y las oficinas hasta el escenario de la tienda, todo el mundo interpreta su papel, con mayor o menor éxito. Henri, dependiente de la tienda, imita a Émile Hermès intentando subir las escaleras de dos en dos. El jefe lo pilla infraganti y lo anima a ponerle más brío. A Georges, el director de la tienda, le gusta acompañar a los clientes a los talleres. Con los años, ha optado por una imagen de bonachón, preferible a la del quejica empedernido de antaño. El director cede el mejor papel a su mujer, una enferma imaginaria a lo Molière, a la que mima hasta en la tienda. Cada sábado, los empleados esperan descubrir la nueva cesta de frutas exóticas que le va a regalar a ella. Todo el mundo sabe que Georges, durante las retransmisiones radiofónicas de los partidos de rugby, se encierra en el pequeño estudio de decoración con un aparato de radio de TSH de lámparas.

Uno de los papeles más bonitos lo interpreta Édouard —pronúnciese *Edward*—, vendedor destacado del departamento de equitación desde 1935. De tamaño *jockey*, acento inglés de Oxford, elegancia y buenos modales británicos, Édouard-Edward siempre tiene en reserva alguna historia que contar sobre sus antepasados emparentados con la familia real, a la que tanto aprecia.

Rey de las meteduras de pata, vende por dos mil francos antiguos un servicio de plata que costaba cien veces más. Todo se le perdona a esta figura tragicómica de 24 Faubourg, divertida y frágil. Le acaricia las manos a todo el mundo, incluso las de los rudos guarnicioneros que lo mandan a paseo, eso sí, con tacto. En la guarnicionería lo apodan «el británico de Colombes». Tras sus actuaciones en 24 Faubourg, Edward se quita la máscara: Édouard no habla una palabra de inglés. No ha tenido el menor ancestro británico. Este hijo de proletarios de Colombes vive en casa de sus padres. Siempre dispuesto a dar consejos sobre cómo sentarse correctamente en la silla de montar, llega todos los días al Faubourg en Mobylette. Vestido como un milord.

Para Zazou, que toma nota de todo, están los graciosos y los arrogantes, un donjuán, guapas pretendientas, los simpáticos y también los simplones. Le suelta un puñetazo a «un idiota que estaba metiéndose con ella». Cada comparsa tiene su villano: el «guardián del fichado», un antiguo militar de perilla blanca, se aferra a su papel de tiñoso. A los jóvenes les encanta hacerlo rabiar. Varios clientes se atribuyen igualmente un personaje. Un hombre acompaña a menudo a su anciana madre, cleptómana, cuidándose de avisar a los vendedores, que se lo permiten; antes de abandonar el escenario, el hijo paga discretamente las compras.

En 1947, el Musée des Arts et Traditions Populaires («Museo de Artes y Tradiciones Populares») envía a 24 Faubourg las conclusiones de su estudio «antropológico» realizado en la guarnicionería. Herramientas, saber artesanal, condiciones de trabajo... Extractos del informe sobre *El estado de la artesanía*: «El taller de guarnicionería empleaba trece obreros en 1925, ahora cuatro. Un capataz, tres obreros, uno de los cuales es *compagnon du Tour de France* —una organización educativa para artesanos—. El obrero más antiguo de la guarnicionería fue uno de los primeros, con sus primos, en fundar el taller en 1903. [...] Desde la guerra de 1939, los caballos se han vuelto a poner de moda momentáneamente. [...] El capataz firma sus sillas con sus iniciales y una cruz de Lorena. Pasó los cuatro años de la Ocupación encerrado en el campo de concentración de Saint-Denis. [...] En la guarnicionería, la fuerza motriz es inútil, ya que el trabajo es enteramente manual. El régimen de trabajo es a la hora, con obreros pagados a la semana, cuarenta y ocho horas semanales. Domingos y lunes libres. [...] Accidentes laborales: pinchazos que pueden provocar el tétanos. A este respecto, solo he podido recoger algunas reflexiones como: "Si te pinchas, se te mete dentro el oficio". *Deformación profesional*: espalda encorvada. [...] Los obreros son propietarios de sus herramientas. Todas las operaciones las realiza el mismo obrero. Cada uno fabrica su propia silla de principio a fin».

Antes de las 8 y después de las 17.30, más de trescientos cincuenta empleados de los talleres hacen tintinear el reloj de fichado en 24 Faubourg. Los hombres ejercen los oficios de marroquinero, guarnicionero u orfebre-platero-joyero; ciento cuarenta mujeres trabajan en cinco talleres de costura, dos de *flou* (donde se crean diseños más fluidos con tejidos ligeros, como blusas de seda, vestidos de noche y de novia) y tres de *tailleur* (dedicados a las prendas más estructuradas, como trajes y abrigos).

La joven Nina, de veintitrés años, acaba de salir de los escondites donde había pasado la guerra. Contratada como «aprendiza de oficiala de segunda», Nina afirma que «no le gusta el *flou*», así que la destinan al taller de piel de alta costura. Trabaja en las pieles que en ese momento hacen famosa a la casa. Nuevos tiempos, nuevas costumbres: Nina cose un abrigo bordado con forro de visón, una materia que había pasado de moda, para la estrella María Félix, olvidada ella también en el panteón cinematográfico. Cada uno de los modelos de alta costura requiere cinco pruebas. Antes de los desfiles bianuales en la escalera de la tienda, Nina trabaja hasta ochenta horas a la semana. Al amanecer, recorre veintidós kilómetros en su Vélosolex para llegar al Faubourg; por la tarde, a la tenue luz de su ciclomotor de pedales, se dirige a los suburbios del este. A veces, Nina opta por pasar la noche en la cama de la enfermería de 24 Faubourg.

Los trabajadores llevan corbata y chaleco bajo la bata blanca o el delantal de cuero. A mediodía, todos calientan la fiambrera del almuerzo sobre el mechero Bunsen que sirve para poner al rojo vivo las cuchillas. Se apartan las herramientas y se come en el banco de trabajo. Las costureras hacen el mismo uso del gas que suele emplearse para calentar las planchas. Nina almuerza con sus compañeras en la gran mesa de corte.

En 24 Faubourg llega el momento de las recompensas: con gran pompa, en el despacho de Émile Hermès, la dirección distribuye las primas individuales en sobres. Los obreros premiados bajan a la bodega de la Rue Boissy-d'Anglas y regresan a los talleres con cajas de botellas. Los talleres tienen su propia jerarquía, su propio código de conducta y, tal como ocurría en todo el mundo laboral de la época, sus propios ritos de iniciación. Los trabajadores más veteranos recuerdan la «caja», secreta y desconocida para la jefatura. Al final de la guerra, de la mina a los altos hornos, pasando por las Grandes Escuelas, las corporaciones obreras y estudiantiles organizan novatadas, cuyos orígenes se remontan a la Edad Media. Fuera del horario de trabajo, Nina confecciona con esmero su disfraz y un sombrero para la fiesta de las catalinetas. A escondidas, los veteranos pegan un mono en el sombrero de Nina. El mono, en la jerga de los trabajadores de Renault-Billancourt o de 24 Faubourg, es el patrón. Émile Hermès dice estar encantado de aparecer en el sombrero. Hilaridad general, Nina pone mala cara. Costurera sin par, dirigente de huelgas durante veinte años, representante del personal de la CGT y fumadora de Gitanes Maïs, Nina tiene la insolencia de Arletty en *Hôtel du Nord*. «Atmósfera, atmósfera, ¿acaso tengo cara de atmósfera?». En palabras de Nina:

> Soy amable, ¡excepto cuando me da por decir «mierda»! A veces me entraban ganas de tirar a la diseñadora por la ventana. Un día, le solté un «mierda» y me fui. Un director salió a la calle corriendo detrás de mí. ¡Me nombraron jefa! Papá Hermès venía a saludarnos todos los días a los talleres. Era viejo, bajito, flaco, muy discreto y educado, había que aguzar el oído para oír lo que decía. Protegía a sus obreros. ¡Vayan a buscar un patrón así hoy, a ver si lo encuentran! Era una casa de amigos.

Por Navidad, fiesta en el 24 Faubourg. Julie y Émile Hermès invitan a sus diecisiete hijos y nietos, junto con los del personal. Los mismos regalos para todos, disfraces y un espectáculo. Familiares y empleados hacen de payasos, acróbatas y magos. Los guarnicioneros serán los maestros de ceremonias durante mucho tiempo. Después de la guerra, los niños se vuelven locos por los caramelos gigantes y los chicles americanos. El primer viaje tribal organizado tiene como destino los castillos del Loira. Familia y personal, todos felices, van cantando en el autocar. Aline, la hija menor de Émile Hermès, Zazou y Nina no se quedan atrás.

En *Figures de notre temps*, un libro sobre los constructores de posguerra publicado en 1948, Cristobal de Acevedo dedica un capítulo entero a Émile Hermès. Entre otras *figuras,* en la obra también aparecen: un compañero de la Liberación, el general de Lattre de Tassigny, el resistente y ministro Georges Bidault, Jean Monnet, uno de los padres de Europa... Émile Hermès recibe al autor en su despacho museo. Evoca sus viajes por Rusia y Canadá, la cremallera, el «saber artesanal guarnicionero» aplicado a la fabricación de objetos y los beneficios de la marcha a pie. Cada mañana recorre entre doce y quince kilómetros. Cuando le pregunta por el secreto de su longevidad, Émile Hermès, a punto de cumplir los ochenta años, responde sin pensárselo:

¡Oh, es muy sencillo! Me he pasado toda la vida trabajando y ocupándome de la casa. No salgo casi nunca por la noche. Mi pasatiempo favorito son las exposiciones, todas las exposiciones, y la sala de ventas a donde voy a echar un vistazo casi a diario. Adoro todo lo que evoca el pasado. De hecho, la casa Hermès y el pasado son uno.

En el despacho del jefe de 3.ª generación, un caniche negro dormita a los pies de su amo. Lleva un collar con un cascabel fabricado en los talleres y dotado de una sordina retráctil que

Émile Hermès ha mandado instalar para que no le moleste durante sus citas.

El nombre del caniche, Unrra, es el acrónimo de United Nations Relief and Rehabilitation Administration, un organismo de las Naciones Unidas para la ayuda y la reconstrucción de la Europa de la posguerra. Émile Hermès nació sobre las ruinas de un París bombardeado por los prusianos en 1871. Reconstrucción. Vivió dos guerras mundiales, las primeras de la historia. Estuvo a punto de perderlo todo durante la crisis de 1929. Vio con sus propios ojos las cadenas de los *Tiempos modernos* de Chaplin y las rechazó. Construyó y amplió su casa y sus talleres sobre los mismos cimientos en los que se sustentó su infancia. Siempre reconstruyendo. En 1950, 24 Faubourg ocupa tres edificios contiguos y emplea a cerca de cuatrocientas personas, que ya se extravían por los pasillos y las medias plantas de un laberinto en obras perpetuas.

Una fotografía del jefe con su traje y su corbata tribales, sentado con las piernas cruzadas y los zapatos relucientes, en su despacho museo. Sonríe como un niño, igual que siempre. Su mano derecha acaricia las crines del caballito triciclo del hijo de Napoleón III. Detrás de él, colgado en la *boiserie*, un retrato ecuestre de Luis XIV. En el borde del marco, las ruedas de un carruaje a punto de partir. En la vitrina de la derecha: espuelas chilenas, un caballo de porcelana china y la estatuilla de un Rey Mago africano procedente de un belén napolitano. En 2024, ninguno de estos objetos totémicos ha cambiado de sitio. El jefe los puso ahí hace unos cien años.

Un miércoles de septiembre de 1951, las puertas y persianas de 24 Faubourg permanecen cerradas. La víspera, el jefe ha muerto. Lloran por él. Nina cuenta a todo el que quiere escucharla que casi se desmaya el día que oyó decir a un cliente: «¡La tienda la han hecho sobre todo los obreros!». Se redacta sobriamente la necrológica (que no es una necrológica). Nada de mensajes testamentarios ni de visiones proféticas, solo una evocación del diálogo constante entre la tradición y la innovación, que tanto le gustaba a Émile Hermès. Poco eco en los periódicos, como si se hubiera añadido una sordina a las trompetas de la Fama. *L'Officiel de la Couture* alude sucintamente al fallecimiento del «hombre del arte del atalaje». En *Vogue*, el difunto jefe sostiene en su mano una imagen de 24 Faubourg que contempla afectuosamente. En palabras de Menehould:

> En varias ocasiones, la gente que descubre el museo me ha pedido ver la estatua de Émile Hermès. Es totalmente descabellado. Jamás se le habría ocurrido una idea semejante. Ningún jefe tendrá nunca una estatua. Dan gracias a sus conductores, a quienes los han precedido, y no son sino eslabones de una cadena. Heredan la tierra de sus hijos y trabajan desde esa óptica. Es innato. Por eso no hay historia. Hay un avance, un camino.

El Musée d'Ethnographie de París conserva miles de objetos de la misión Dakar-Yibuti (1931-1933), entre ellos cascabeles corporales. Los guns de Porto-Novo (Benín) se los cuelgan en los tobillos para mantener alejada a la muerte. En los cuadernos de la expedición que atravesó África desde Senegal hasta Abisinia, pasando por el país dogón, no se menciona ningún cascabel silenciado. La preocupación por no hacer demasiado ruido sigue siendo una de las prácticas habituales de 24 Faubourg.

Cascabel con sordina, de material ferroso y color plateado.

Canto XVII

Bricole (collar de caza)

En *El pensamiento salvaje*, el antropólogo Claude Lévi-Strauss cuenta cómo se despiden de un pariente muerto los indios fox: adoptan a una persona viva en una fiesta. La tribu debe tener por él los mismos sentimientos que por el difunto, que así puede marcharse en paz. Así, Robert (jefe, 4.ª generación), por ejemplo, fue adoptado por la tribu tras la muerte del jefe Émile Hermès.

Remontémonos en el tiempo humano. El 16 de abril de 1917, Robert parte a la guerra. Tiene dieciocho años. Su padre, el pastor Frédéric Dumas, lo acompaña a la Gare de Lyon y anota en su diario: «Todo ha transcurrido tranquila y ordenadamente. Ha salido muy animado a las ocho y cuarto». Recordemos que el pastor Dumas celebró la boda de sus feligreses Émile y Julie Hermès (Canto IV), y más tarde la de su joven corista Georges en el número 24 de la Rue du Faubourg-Saint-Honoré en 1914 (Canto V). En la primavera de 1917, el pastor tiene a cinco de sus diez hijos en el frente: cuatro hijos soldados y una hija enfermera. A Robert, herido en el campo de batalla, dado por muerto y luego declarado desaparecido, lo han apresado los alemanes. Se evade, dejando a sus compañeros un plan detallado gracias al cual escaparán otros ocho. Legión de Honor y British Military Cross. Robert tiene veinte años.

En 1928 se casa con Jacqueline Hermès, una de las cuatro hijas de Émile y Julie Hermès. El pastor Dumas, su padre, celebra los esponsales. Robert, apasionado por el arte y el dibujo, ha cursado estudios de Arquitectura. La crisis económica de 1929 precipita su entrada en 24 Faubourg para ayudar a su suegro en dificultades. Análisis de las cuentas, de las deudas, reorganización administrativa, estancia en Nueva York para cerrar la tienda (Canto XII); Émile Hermès elogia a su yerno por todo ello: «Robert es un buey de labranza que traza el surco». Lleva siempre en el bolsillo del traje un portaminas Criterium. En 1937, crea el primer carré tribal (Canto XIV).

Segunda Guerra Mundial. Acorralado con su regimiento en el norte de Francia, Robert pasa a Inglaterra antes de regresar enseguida para luchar en Bretaña. Es hecho prisionero y recluido en el Frontstalag 133 de Rennes. El oficial alemán a cargo del campo era cliente de Hermès. A cambio de la promesa de Robert de volver al campo, se le conceden dos días de «permiso» en París. ¡Estupefacción en 24 Faubourg al verlo de nuevo de uniforme! Por miedo a las represalias alemanas, Georges, el director de la tienda, se niega a ayudar a Robert a esconderse. Este retorna al Frontstalag 133 y más tarde se evade. Llega a Cannes, en zona libre. Durante ese periodo de escasez de alimentos, diseña su primer carré, *À la gloire de la cuisine française* («En honor de la cocina francesa»), con los platos de un tratado de gastronomía del siglo XIX.

El hombre de las dos evasiones tiene una pasión: los cierres. Diseña e inventa un sinfín de ellos. Cierres para bolsos, para joyas, para cinturones o paletós. Se inspira en la colección de Émile Hermès, rica en hebillajes ecuestres. Sus cierres, fieles al código de elegancia de la doma, se abren con una sola mano. Tras la fascinación de su suegro por las cremalleras americanas y los corchos pulidos con esmeril, Robert continúa el diálogo tribal y alquímico con todo lo que cierra. Hermes, hermetismo...

Robert investiga. Observa el mundo con los ojos muy abiertos. En un muelle de Le Havre, Robert ve una cadena de ancla. Con la punta de su Criterium, dibuja un cierre en forma de anillo unido a una sucesión de eslabones. Algo parecido al ∞, al infinito.

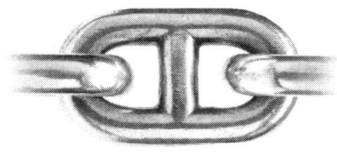

La mirada transmuta un eslabón de cadena de ancla en un fetiche tribal. Sobriedad y sencillez de líneas en un objeto cotidiano que exige maestría de ejecución: el credo de 24 Faubourg en bucle, hasta el infinito. Esbozada en un muelle de Normandía en 1937, la *Chaîne d'ancre* («Cadena de ancla») vaga sin cesar por el siglo XXI. Aparece en numerosas joyas, carrés de seda, una minifalda e incluso en la esfera de un reloj inteligente. Destinada a perdurar. Decana es el anagrama de cadena.

Después del muelle, la playa. Robert recoge guijarros. Para pulirlos, inventa una máquina de tambor. Para engarzarlos en finos collares de cuero, concibe cierres y suspensiones con formas extraídas del mundo totémico: espuela, herradura, barra de torsión de atalaje... Un orfebre de 24 Faubourg les da forma. El guijarro pulido se convierte en joya en los escaparates durante décadas.

Philippe, hijo de Robert (jefe, 4.ª generación), recuerda las comidas familiares durante las cuales su padre recurría a la imaginación de sus hijos para futuros carrés. Nacido en 1940, Philippe nunca ha dejado de dibujar y pintar:

> En efecto, ¿qué es un hombre que se pasa la vida buscando constantemente una solución a cada problema, y la solución más sencilla, rápida y elegante, sino un creador? A mil leguas de cualquier vanidad de autor, mi padre era el último hombre que presumía de sus creaciones. Pocos sabían cuántas eran obra suya. Se consideraban «artículos de la casa», sin más.

1 idea + 1 croquis + 1 saber artesanal = 1 epifanía, del verbo de griego clásico φαίνω (*phaínō*): «aparecer, manifestarse, ser evidente».

Lo que se aplica a un fragmento de roca redondeado por el agua y el tiempo también vale para la baba de la oruga de una mariposa. En el tercer milenio a. C., un capullo de seda cae de una rama de morera en la taza de té de la emperatriz Leizu. Esta, al intentar cogerlo, descubre un hilo único, suave y resistente. Durante siglos, hasta el final de la Edad Media, China protege sus secretos de fabricación de la seda. ¿Por qué, a mediados del siglo XX, una empresa parisina de guarnicionería y marroquinería trabajaría con ese tejido? La tribu de 24 Faubourg domina el arte de fabricar finas correas de cuero capaces de tirar de quintales, pero aún no controla bien el trabajo del hilo de seda. Un encuentro fortuito lo cambia todo.

Mientras espera su tren para el Delfinado, un hombre deambula por París y descubre, por casualidad, las sedas de 24 Faubourg expuestas en un escaparate. Duda, se toma una copa de vino blanco en el bar de enfrente para armarse de valor y se dirige a la recepción. Solicita tímidamente ver al director. Robert lo recibe. El hombre descubre unas muestras de seda estampada con una precisión y unos matices sin precedentes. El capataz de un taller de grabado, Marcel Gandit, ha perfeccionado su propia técnica de impresión utilizando varias pantallas de cama plana, una para cada tono, lo que abre infinitas posibilidades. Entre «reyes del bricolaje», Robert y Marcel se entienden.

La elección de un motivo, su dibujo, su composición en un cuadrado de 90 centímetros de lado, sus gamas de colores, la estampación respetando la finura del trazo y la impregnación de la fibra por los tintes, son enigmas por resolver. Cada cuadrado de 79 gramos requiere 450 kilómetros de hilo de seda procedente de trescientos capullos devanados, y el trabajo de unas cuarenta personas. En una habitación abuhardillada, Robert reúne a un pequeño equipo para validar un nuevo modelo cada mes. Para su dibujo *Combats de coqs* («Peleas de gallos»), el prolífico Hugo adopta un ave gallinácea en casa, cuyo plumaje dibuja pacientemente. El modelo acaba en la cazuela, pero cacarea en un carré de 1954.

Henri se incorpora a 24 Faubourg en 1958, declarando contar con «cierta familiaridad de nacimiento». Nació «en el estiércol» y creció entre las sillas de montar, los arneses, los bolsos, los guantes y las mantas de la casa. Sus dos pasiones: el dibujo y la caza de montería. Durante meses trabaja como vendedor en 24 Faubourg. Garabatea su aburrimiento en cuadernos de dibujo. El jefe Robert lo invita a que proponga un proyecto de carré. Henri dibuja la cornamenta de un ciervo con hojas de cuchillos de caza, «precisamente lo que nunca se representa en un fular». Mucho más tarde —Henri lleva más de sesenta y cinco años trabajando para la casa tribal—, su hijo pequeño le pregunta cuál es su oficio. Le contesta que diseña corbatas, carrés, relojes, servicios de porcelana... «¡Pues vaya tontería!», replica el niño.

Philippe recuerda el 24 Faubourg de los años cincuenta como un mundo «a lo Dickens». Olores flotantes de las colas pegajosas de pieles de conejo y de pescado mezclados con los efluvios de los cueros. En Navidad, el curtidor de Millau aña-de el aroma de los quesos que envía como regalo. En la primera planta: la joyería; en la segunda: el departamento de *prêt-à-porter* con las apariciones furtivas de «señoras desvestidas». Del techo al suelo de 24 Faubourg, cuadros y objetos ecuestres, sin distinción entre las zonas de trabajo y las de la tienda; obreros, vendedores, personal de oficina y clientes, todos beben de la misma fuente. El jefe Robert sigue dando la mano a todo el mundo, y a algún que otro bromista, varias veces al día. No hay muchos despachos, pero sí talleres con sus viejos bancos de trabajo de madera de boj. Como en 1924, como en 2024, falta espacio. Robert, como buen «rey del bricolaje», está entusiasmado con las nuevas esquineras que permiten ensamblar bancos de trabajo más funcionales, en sustitución de los viejos.

El jefe Robert visita a menudo las ferreterías con su hijo Philippe. Juntos, pasan horas contemplando la belleza de un clavo o la perfección de un tornillo… El jefe nunca ha oculta-do que, en otra vida, le habría encantado ser ferretero.

Claude Lévi-Strauss recuerda en *El pensamiento salvaje* el antiguo significado del verbo *bricoler*, del que deriva la palabra «bricolaje», el arte que practican los «reyes del bricolaje» como Robert. *Bricoler* remite al movimiento aleatorio de la pelota en el juego de frontón a mano, o al de un caballo sorteando un obstáculo. El que domina la práctica del «bricolaje» hace fren-te a los imprevistos con «los medios que tiene a mano». Un capullo de seda caído en una taza de té, una cadena de ancla esbozada en un muelle, un guijarro recogido en la playa, un encuentro fortuito… Al ajustar constantemente sus gestos a las características específicas del objeto, el «rey del bricolaje» per-petúa la idea del pensamiento salvaje del antropólogo: «La poe-sía del bricolaje le viene también, y sobre todo, de que no se limita a realizar o ejecutar; "habla", no solamente con las cosas […] sino también por medio de las cosas: contando, por inter-medio de la elección que efectúa entre posibles limitados, el carácter y la vida de su autor». Robert, interrogado acerca de su definición del lujo, enuncia un credo de 24 Faubourg al dar una respuesta propia del que domina el «bricolaje»:

El lujo es lo que se repara.

En su cuaderno de bitácora, encontrado en el cajón del es-critorio de su hijo Jean-Louis (jefe, 5.ª generación), el jefe Ro-bert anota los avatares de la vida tribal —jubilaciones, acciden-tes y decesos— que afectan a los empleados, como haría el gerente de una ferretería familiar. Pega las fotos de los que ya no están. También inscribe las ampliaciones de 24 Faubourg, cuyo dédalo es cada vez más complejo. Aquí: la tienda de antigüedades Adjage Frères (Canto V); allí: una habitación adquirida en una buhardilla vecina. Entre dos páginas de su diario, un recorte de prensa de 1963: una señora con un bolso en bandolera se dirige a un fontanero que lleva las herramientas en su bolsa: «¡Anda! Tiene usted el mismo bolso que yo. ¿También lo ha comprado en Hermès?».

Con motivo de la concesión de la medalla de la Legión de Honor otorgada en 1976, el jefe reúne a la tribu en la tienda y toma la palabra desde lo alto de la escalera. Declara que esa distinción honra a «la casa» y que es de todos. Evoca la fama internacional de 24 Faubourg, rinde homenaje a Émile Hermès y recuerda la primacía del tótem:

> Las cualidades asociadas a todo lo que tiene que ver con el caballo, que es un animal noble, hacen que la casa siga teniendo hoy ese reflejo del caballo en todo lo que concibe, en todas sus actuaciones.

La casa crece y el jefe dice que lamenta no saber ya el nombre de todo el mundo. Quinientas personas lo escuchan. Le regalan algo que acababan de confeccionar para él: una bolsa de cuero grueso, con forma de travesaño, para recoger sus guijarros. Sus iniciales están grabadas a fuego en el cuero. Sin duda, una deferencia de los talleres para con esos inventos, nunca firmados, de los «reyes del bricolaje», que se han convertido en auténticos emblemas tribales.

En el invierno de 2022, Philippe, el hijo de Robert, practica bricolaje en su casa con su bicicleta eléctrica. Al cumplir los ochenta y dos años, vuelve a pintar el cuadro de carbono como

Calcetín de lana tejido por Julie Hermès, 1957.

si fuera de bambú. Junto al faro delantero, ha fijado una pequeña cabeza de caballo, como una proa de navío. En palabras de Philippe, hijo de Robert (jefe, 4.ª generación):

> Hermès ha rechazado mi prototipo de bicicleta, sin embargo, todo el mundo me para por la calle. ¿No les parece que la cabeza del caballo es una maravillosa prolongación del diseño ordinario del cuadro? Se diría realmente un caballo...

Ese mismo invierno, una exposición temporal en el Museo del Louvre, titulada *Les Choses* («Las Cosas») reúne setenta obras del mundo entero, desde la prehistoria hasta el siglo XXI. Bodegones de grandes maestros se mezclan con objetos inanimados. Para acoger al visitante, las palabras del poeta Henri Michaux: «Choses, choses, choses qui en disent long quand elles disent autre chose» («Cosas, cosas, cosas que dicen mucho cuando dicen otra cosa»).

Canto XVIII

Clavos

Lejos del Faubourg, más allá de las cumbres de los Pirineos, la España franquista. Un abuelo herrero, un padre carretero y la miseria como malvada hada madrina. Juan entra como aprendiz en el taller de un guarnicionero. Ninguna remuneración durante tres años, solo la sopa diaria. Tiene once años y pesa unos veinte kilos; los aperos de labranza pesan diez. Cuando el patrón le pide que apareje la mula, se encuentra ante una montaña. En palabras de Juan, guarnicionero de 24 Faubourg durante treinta años:

> La mula que tenía delante medía un metro ochenta a la cruz. Empecé a llorar, me temblaban las piernas y la collera me tapaba casi entero. ¿Cómo voy a ponérsela? Nos encontramos cara a cara. Nos miramos. Ella bajó el cuello para ayudarme y yo le coloqué la collera. [...] Ella subió el cuello para que todo encajara bien. [...] Gracias a Ramona, que me había ayudado y me alivió tanto, comprendí que el trabajo me gustaría. Ella fue mi primer contacto con el oficio, y el animal es nuestro primer cliente, el que sufre si no hacemos las cosas bien.

En una guarnicionería de Valencia, un primer trabajo retribuido con unas pocas pesetas por doce horas de labor diarias.

Encuentro con un gran maestro guarnicionero, don Manuel, un *rojo* despreciado y mal pagado por ser comunista. Solo acuden a él los animales, hasta los gorriones. El maestro le explica a Juan que los animales intuyen quién es bueno con ellos, por eso la mula Ramona se acercó al niño. A su lado, Juan aprende el oficio y lo que es la vida, ambas cosas se confunden. Lecciones del maestro: el caballo «no se niega, va hasta el final del esfuerzo, hasta que le falle el corazón, da la vida, eso es nobleza, trabajar hasta la muerte».

El burro «se declara en huelga, siente sus límites, se para. Puedes matarlo, no se rebelará, pero se niega».

La mula se rebela: «Si te da un golpe, no debes devolvérselo; si no, serás tan mulo como ella».

Juan se traslada a París en 1963. Hace bolsos cosidos a máquina y busca coser a mano. Pasa una prueba de trabajo en 24 Faubourg. El modo en que cose un maletín le vale inmediatamente una oferta de trabajo en la guarnicionería, con exención de la semana de prueba y un salario de 3,20 francos por hora. Detrás de su máquina de coser, gana el doble, así que rechaza la oferta de 24 Faubourg. Cinco años más tarde, acepta una nueva oferta, aunque mal remunerada, pero por «solo» diez horas de trabajo al día. Sus primeros días en la guarnicionería son tensos. Las aciones, los bastes y los faldones son diferentes, y Juan no los ajusta como los otros guarnicioneros. En palabras del guarnicionero:

La dificultad y el éxito de la guarnicionería es que no se ve el trabajo. Al principio, no tenemos nada, ni libros, solo nuestros valiosos cuadernos —que no enseñamos a nadie— y nuestra experiencia. Cosíamos a mano con hilo número 800, doble, con la lezna 12. Es un punto cuadrado: casi tan ancho como alto. Los guarnicioneros somos tan orgullosos y arrogantes que queremos hacer algo que la máquina no pueda hacer.

Juan fue testigo de la jubilación de los primeros guarnicioneros de la empresa. El inglés Georges, que se incorporó a 24 Faubourg antes de la Primera Guerra Mundial, amaba tanto su trabajo que no quiso dejarlo hasta los setenta y cinco años. Cuando se retiró, le regaló a Juan su mazo de madera de las Antillas, una herramienta de golpe, diciéndole: «Lo usarás con orgullo». Cuando el maestro Cotelle se fue, Juan dijo que estaba hecho de la misma madera que don Manuel, y heredó su punzón de naranjo. En palabras del propio Juan:

Mi padre lo heredó de su padre. Yo era la cuarta generación. Cada generación dejaba una marca en la herramienta. Esta lezna no vale nada, pero para mí es la más valiosa del mundo. Al jubilarme, se la he dado a «Hombrecillo», de la quinta generación. El último al que he formado. Le paso el testigo.

Juan distingue los cuchillos medialuna haciéndolos sonar. Este data de la Primera Guerra Mundial, ese tiene más de doscientos años. *Escucha, escucha…* Según Juan, el aprendizaje no dura tres años, sino cincuenta. Más de cien horas de trabajo para sus primeras sillas, sesenta y cinco para las últimas, más complejas. A quienes le preguntan cómo lo hace, responde que él sabe. Entonces se mete la mano en el bolsillo y la saca, frotándose los dedos con polvo mágico invisible. Cuando se encuentra en un aprieto, tiene un método: «¡Es mi cabeza en mis manos la que hace el trabajo!».

Una primera divergencia lo enfrenta a la dirección cuando el hilo de lino procedente exclusivamente de Islandia es sustituido por un hilo sintético, que no se deshilacha y al que es necesario darle cera de abeja. Juan se enfada. Desde la época de los faraones, la cera de abeja impide que las bacterias penetren en el hilo, haciéndolo impermeable e imputrescible, flexible en verano y resistente en invierno. Ni hablar de coser una silla de montar con un hilo sintético que se rompe tanto con el calor como con el frío. Arbitra el combate el jefe Jean-Louis (5.ª generación), que le da la razón al obrero. Durante mucho tiempo, los guarnicioneros recibieron el apodo de «los mosqueteros». En 24 Faubourg, su reino mide menos de diez metros cuadrados de bancos. Athos, Porthos y Aramis se llaman Jacques, Maurice y Claude. En palabras de D'Artagnan:

> Nosotros, los obreros, si supiéramos el poder que tenemos, seríamos los reyes de la sociedad, pero el obrero no es consciente del hermoso trabajo que hace. Un trozo de cuero en nuestras manos ya no es un trozo de cuero.

Juan recuerda a los clientes que llegaban del otro extremo de la Tierra para encargar o recoger su silla en el taller de la buhardilla de 24 Faubourg.

> ¡Todavía nos sentíamos más orgullosos cuando le encontraban imperfecciones!

No hay vendedor, ni nadie encargado de hacer los paquetes. El jefe de taller, el venerable André, se ocupa de las medidas, de los pedidos, del material, de las facturas y de las felicitaciones de fin de año. Robert (jefe, 4.ª generación) pasa a menudo por la guarnicionería, diciendo que entra en el santuario de la casa. Entre ellos, los guarnicioneros lo llaman «Papá Dumas». En palabras de Juan:

> Seguían pagándonos en metálico y a la semana. Veíamos al contable que iba al banco con su maletín negro. ¡No sabíamos si iba a volver! Los billetes estaban apilados en su mesa de despacho. La dirección tenía un fondo para donaciones o préstamos en una caja. Cuando compré un piso en París, me faltaban dos mil francos. Esa misma tarde, tenía el sobre, sin papeles, sin nada. Dije que lo devolvería antes de Navidad y eso bastó. En el nacimiento de un hijo, o una enfermedad, eran donaciones. Cogíamos el dinero y punto.

Charlotte es la primera mujer que trabaja en el taller de guarnicionería. Juan no le dirigirá la palabra durante una semana, antes de convertirla en una valiosa compañera a la semana siguiente. Incluso la invitará a bajar a la tienda, con las manos llenas de grasa, para vender una silla de montar que le parecía especialmente bien hecha.

Durante años, Juan se pelea con la dirección. Participa en todas las huelgas y paros, pero las reivindicaciones salariales o, en los años setenta, las demandas de reducción de la semana laboral de cuarenta y cinco horas a cuarenta pagadas como cuarenta y cinco, no son la causa. El modelo de una nueva silla de montar repele a Juan. Contraría la idea que el guarnicionero se hace de su trabajo y de 24 Faubourg. Juan se planta como un asno que ha llegado al límite y se rebela como una mula. Se niega a obedecer y se niega a transmitir sus conocimientos a los nuevos. Se suceden cinco años que él llama su travesía del desierto. «Me enfadé con las sillas». Cose maletines, el objeto de su primera prueba de ingreso en la casa.

El maletín es un castigo que se le aplica a alguien cuando quieren fastidiarlo. Rara vez se consigue terminar a tiempo, hay mucha costura a mano. Pocos lo logran.

Un día, hastiado, Juan coge tres maletines que quedan por coser y anota la hora. Cuando entrega su trabajo, D'Artagnan consigna que ha ahorrado nueve horas y treinta minutos con respecto al tiempo asignado. Todas las tardes se asegura de salir puntualmente del taller, no en ascensor, sino por la gran escalera de la tienda para que lo vean, con la cabeza bien alta, el mayor número posible de compañeros. Una auténtica salida teatral, con la mano en el pomo de su florete invisible, siempre dispuesto a batirse en duelo.

Juan dice que un oficio puede perderse en una sola generación. Pone el ejemplo de la perilla que hay que colocar ladeada sobre el borrén de la silla. «¡Es fácil si se pone ladeada!». Siempre se puede clavar de cualquier manera, «clavar es clavar», pero es mejor utilizar martillos finos de punta pequeña que pesados, que cansan más. Cuando Juan oye un martillazo demasiado fuerte en el taller, salta y grita «¡Car-pin-te-rooo!», como recordatorio de que hay que respetar el oficio.

En una última reunión conciliatoria con Michèle (directora general adjunta, 5.ª generación) y el director de producción, Juan decide hablar primero. Para él, todo lo que ocurre en el taller no debe salir nunca de allí, pero reafirma su visión de la silla y las razones por las que se opone, en nombre del oficio, a ese nuevo modelo, que califica de clínex.

No hay nada que renovar en la silla. Es tan personal que hay que hacerla sobre la anatomía de cada persona y sobre nuestro primer cliente, el caballo, que solo tiene ojos para llorar si le hace daño. Un mal panel, demasiado apretado o demasiado flojo, puede lesionar la columna vertebral, la cruz y el cartílago nalgar. No hacemos bastardos, hacemos niños, y esos niños son nuestras sillas cosidas a mano. Coser a mano no es un lujo, es una locura, de verdad. Aun así, tengo la esperanza de que algún día alguien venga y despiece nuestras monturas. Y ese día se dirá: esto no es obra de un guarnicionero, esto lo ha hecho un artista.

Al reafirmar el valor cardinal de la tribu —cuidar del animal totémico—, Juan gana la partida. En la gran escalera, abraza a la directora general adjunta de 24 Faubourg (madre del jefe Axel, 6.ª generación).

Durante veinte años, el guarnicionero Juan es la pareja de baile de la tía Aline, la hija menor de Émile Hermès. El trabajador que no deja de refunfuñar, de manifestarse, de reivindicar —«¡Parad ese ritmo infernal!»— abre el baile de las fiestas tribales. ¿Vals o tango? La señora Aline no baila sin su pareja habitual. Como las herramientas, esta prerrogativa tribal se transmite de guarnicionero a guarnicionero. Cuando se jubile, Juan le pedirá a Laurent, el joven y talentoso guarnicionero, que lo sustituya.

En el último día de Juan en 24 Faubourg, en 1998, el cuerno de caza de Henri hace temblar paredes y almas. ¿Por qué toca? ¿Por la partida de un ciervo, o la de un señor? Bajo los tejados de 24 Faubourg, en el taller de los guarnicioneros, se reúne la tribu: la tía Aline y el jefe Jean-Louis, la jefatura, la familia y la dirección, compañeros y antiguos compañeros también, todos están presentes. Juan, apodado «Papá Tortilla», entrega algunas de sus herramientas a sus iguales. Ha prometido su posesión más preciada a Pascale, la nieta de la tía Aline y bisnieta de Émile Hermès. De adolescente, pasaba horas observándolo en su taller. Tras cuarenta años en la empresa, donde ha ocupado diversas funciones en la dirección artística, estas son las palabras de Pascale (miembro del Consejo de Administración, 6.ª generación):

> Juan era rebelde, como yo, pero yo no me atrevía. Él sí. Amaba tanto su trabajo que podía chocar con Jean-Louis (jefe, 5.ª generación) ¡A la familia le encantaban los rebeldes! Cuando el modisto Martin Margiela me pidió que hiciera un botón con un clavo de montura, fui a ver a Juan. Abrió su cajón y sacó una vieja caja de pasta de jabón. Me dijo: «¿Ves esto?, es mi vida. Son todos mis clavos doblados. Cuando se hace una silla, hay que plantar el clavo en el arzón de modo que no hiera ni al caballo ni al jinete». Una caja de clavos doblados, su vida. Para mí, era el objeto más bello que había visto en Hermès. «No tires nunca esa caja, Juan. Me atrevo a pedírtelo: me encantaría tenerla algún día». Me contestó: «Te lo prometo». Pasó el tiempo. El día de la jubilación de Juan, mi tío Jean-Louis pronuncia un magnífico discurso. Juan abre su cajón y le da la caja. Me siento traicionada. Me hace daño, mucho daño. Lo miro, me dirige una gran sonrisa y me dice: «No es tu caja, Pascale». Y me da la otra, ¡con todos los clavos doblados! A fuerza de peticiones de unos y otros, solo me quedan cuatro de los cien que había.

Pascale nació y creció en el piso de sus bisabuelos, Émile y Julie Hermès, a dos pasos del número 24 de la Rue du Faubourg-Saint-Honoré. Julie, nombrada jefa honoraria tras la muerte de Émile, recibe todos los días en su casa a sus tres yernos a la hora del almuerzo. Robert (jefe, 4.ª generación), Jean y Francis forman la nueva jefatura familiar tripartita. En torno a la comida preparada por la inagotable cocinera bretona, gestionan el negocio. Todos los días laborables, el mismo ritual. Entran sin llamar. La misma llave abre el piso de la familia Hermès, 24 Faubourg y la caja fuerte.

De niña, Pascale no tiene permiso para quedarse en la tienda. Se refugia en el taller de Annie, la escaparatista, y descubre la belleza insospechada de las lentejas rosas. Bajo el ala protectora de Nina, que fuma Gitanes Maïs y suelta tacos, Pascale ve la posibilidad de dejar de ser una niña tímida y bien educada. Con Juan, asimila las exigencias del trabajo y la búsqueda de la excelencia. Pascale aprende a jugar con la luz sobre las escamas de las pieles de cocodrilo utilizando una piedra de ágata. El taller de los baúles es el dominio de los más fornidos, y también le está vetado. En verano, a estos ogros se les permite trabajar sin camiseta y a Pascale le encantaría abrir la puerta. Madame Désir («Señora Deseo»), como la apodan, sigue cosiendo casacas. Cerca de la terraza está el enorme armario de guantes por arreglar y, a dos pasos, las ollas quemadas del viejo silencioso que redora las hebillas y las lámparas de la tienda. De la noche a la mañana, desaparecerá sin avisar. En cuanto a la telefonista de pelo azabache, parlotea a tontas y a locas. Juguetea con las clavijas y decide si pasa o no las llamadas, que escucha a escondidas. En palabras de Pascale (miembro del Consejo, 6.ª generación):

Era como la aldea de los Pitufos, con cosas increíbles, como las Noches del Faubourg organizadas por el comité de comerciantes del barrio. Mis hermanas y yo llegábamos a 24 Faubourg en pijama. Nos acostaban en el primer piso, en la joyería. Desde los ventanales de medialuna, contemplábamos los desfiles de calesas y atalajes, al son de los cuernos de caza, en la Rue de l'Élysée, ¡cerrada y cubierta de heno! Eran nuestras *Mil y una noches*, la única noche del año en la que nos dejaban acostarnos a medianoche.

La fiesta navideña de 24 Faubourg, el 24 de diciembre, iniciada por el jefe Émile, se sucede cada año. Un teatro cercano acoge a las familias, empleados e hijos de todos. En la lista de regalos, Pascale se fija en las muñecas, su madre la invita a elegir un diccionario. Antes del espectáculo, cada niño recibe una naranja, un paquete de bombones y pan de jengibre. El espectáculo sigue siendo cosa de los obreros. El maestro de ceremonias es siempre un guarnicionero. Dos recuerdos vívidos:

1) Pascale gana el conejo del sombrero mágico, que vivirá en su cocina y morirá mordisqueando un corcho de champán.

2) Pascale crece y consigue un papel en el espectáculo de Navidad. Tres meses de ensayos semanales en 24 Faubourg, un traje cosido por Nina en los talleres. Con sus primos, Pascale canta «L'école est finie» («La escuela terminó») de Sheila, un éxito de 1963. Annie, Nina y Juan, las figuras tutelares de Pascale, están ahí.

Más tarde, en los años ochenta, Juan y su esposa Claudie, costurera en el taller *prêt-à-porter*, asistirán a las fiestas navideñas con su hija en brazos. Ella también acompañará a sus hijas en las celebraciones de Navidad de la casa. Se suceden generaciones de familias de obreros, de dependientes y de empleados. Finalmente, como ningún teatro es lo bastante grande para acoger a los hijos de todos, el ritual navideño en 24 Faubourg llega a su fin.

Pascale conserva la llave única que abría en su día 24 Faubourg, la caja fuerte y el piso de su infancia. Aún hoy sigue sin entrar en la tienda, no se atreve. Pascale lleva, como si fueran joyas, los primeros guijarros ensartados de su tío Robert (jefe, 4.ª generación), y recuerda cada detalle de las preguntas que le hacía en la playa sobre la belleza de su redondez. Cuando muere el jefe Robert, en 1978, se encontrará un pequeño estuche de color naranja en la caja fuerte. Solo contenía unos guijarros adormecidos, como los clavos de Juan en su cajita.

De pequeña, Pascale ensamblaba en el taller cachitos de cinturón que, para ella, se convertían en correas de reloj. En 2010, Pascale, ya como codirectora artística de la tribu, crea *Petit h* («h minúscula»). Su idea consiste en recuperar materiales y recortes del universo de la «H mayúscula» para recomponer objetos, repensar el proceso creativo con los artesanos de distintas generaciones, trabajar de forma diferente, igual que Émile Hermès, que miraba de otra manera... En palabras de Pascale:

¿Qué puede decirnos, todavía, un trozo de cuero? ¿Cómo podemos ayudarlo a sobrevivir? Para mí, es una forma de salvaguardar todo lo que desechamos.

Antes de dejar Hermès, Pascale le da vueltas a la idea de abrir una ferretería en la casa. Proponer el martillo más bello o la tuerca perfecta... A su primo Axel (jefe, 6.ª generación) le divierte su frenética búsqueda del mejor nivel de burbuja. Como su tío Robert, Pascale siente pasión por las herramientas. Las herramientas de la tribu siempre han sido fabricadas en Lyons-la-Forêt, desde 1837, por un proveedor fiel. En palabras de Pascale (miembro del Consejo, 6.ª generación):

La caja de Juan sigue siendo mi objeto favorito. Se lo dije a mis hijos: si guardáis un solo objeto mío, olvidad mis joyas, conservad esta caja con los últimos clavos doblados de Juan.

A finales del siglo XVIII, los primeros globos aerostáticos se elevan en el cielo de París. Entonces se sueña con atrapar las nubes con una red. El hidrógeno que propulsa esas aeronaves por el cielo está fabricado a partir de clavos oxidados.

Canto XIX

Manzano

Pie: dos veces bombo; mano izquierda: una vez golpe de caja.
A primera vista, no hay problemas de coordinación. Para la
batería, el *afterbeat* es un ritmo básico en 4/4.

El grupo Queen facilita al *afterbeat* su momento de gloria
con «We Will Rock You» («Vamos a sacudiros»): dos golpes de
pie seguidos de una palmada sobre un canto a capela. Éxito
planetario en 1977. Al año siguiente, el antiguo batería del
Trocadéro Jazz Quartet, Jean-Louis (jefe, 5.ª generación), es
elegido por la familia para suceder a Robert, su padre. *Oh, yes,
we will rock you,* ¡voy a daros caña! En el despacho del joven
jefe resuena su batería.

En 1978, el primer TGV naranja alcanza una velocidad
de 260 kilómetros por hora, y el eslogan publicitario de 24 Faubourg —«Traiga a su caballo, nosotros haremos el resto»— evi-
dencia su anacronismo, incluso su retraso. La prensa afirma
que la empresa es una bella durmiente y que envejece como
su clientela. El negocio va lento. La primera fotocopiadora

de 24 Faubourg ocupa un despacho cerrado en la primera planta, y, para cada uso, hay que anotar el motivo de la copia antes de coger la llave. En palabras de Jean-Louis (jefe, 5.ª generación) en *Jazz Magazine*:

> Cuando unos padres apuntan a su hijo a clases de batería en lugar de piano, me alegro por él. Todo el mundo debería saber qué se siente siendo batería en un grupo. Por unos instantes, somos el corazón, la bomba, el que da la vida. Contar compases siempre ha sido un ejercicio cuyas sutilezas llegué a comprender cuando empecé a dirigir mi empresa. Hoy, es como si tocara la batería cuando marco el ritmo de mis acciones, y siempre lo hago en Hermès, algo que no sucedía cuando tenía en la mano las baquetas y las escobillas.

Jean-Louis es fan de los baterías de jazz negros estadounidenses, a los que descubrió en los sótanos de Harlem en los años sesenta, en plena lucha por los derechos civiles. Su favorito: Kenny Clarke, precursor del estilo *bebop* y pionero del uso de los platos para llevar el ritmo. Una nueva campaña publicitaria hace sonar los platos del jefe. En los carteles, una chica sacada directamente de la película *Grease* lleva una cazadora vaquera con un carré tribal anudado al cuello. Talleres y familiares reaccionan como amantes del *lied* de Schubert que descubren el *free jazz* con Ornette Coleman. Un artículo de *The New York Times* habla del cambio de ritmo en 24 Faubourg: «Con una imagen más joven de Hermès (pronúnciese *ermés*), para que sus productos puedan gustar tanto a Lady Di como a la reina madre».

Émile Hermès (jefe, 3.ª generación) subía los peldaños de la gran escalera de la tienda de dos en dos; su nieto Jean-Louis (jefe, 5.ª generación) los sube aún más rápido. Se lo ve correr arriba y abajo por el laberinto de 24 Faubourg, saltar por encima de los bancos de trabajo para responder a las reivindicaciones salariales, estrechar la mano a todo el mundo y tomarse el tiempo de intercambiar unas palabras o una broma. El jefe siempre llega tarde a las citas. Para una fiesta de disfraces en Hermès, se pone el traje de su tótem en los *scouts* protestantes: «Ardilla divertida». En las reuniones, cuando se aburre, saca del bolsillo interior de su traje una minicaja de acuarelas con su frasquito de agua en forma de pez. Se pone a pintar en un cuaderno forrado de fina piel roja. En palabras del guarnicionero Juan:

> ¡He visto a más de uno coger uno de sus dibujitos y correr hacia él para pedirle que se los firme!

En los consejos de administración, Jean-Louis puede refugiarse en una nueva acuarela o interrumpir la presentación de un balance para contar un recuerdo de un viaje a la India, un país querido que considera como su segunda patria. En 1961, con sus primos Bertrand y Odile, y su amigo Jean-Bernard, viajaron en su 2CV (dos caballos) desde París hasta Delhi, pasando por Afganistán. Nacidos de los matrimonios de tres hijas de Émile Hermès, los primos Jean-Louis, Bertrand y Patrick forman la jefatura familiar que hoy dirige los negocios de 24 Faubourg.

En Londres, una Dama de Hierro, Margaret Thatcher, preside el Gobierno conservador del Reino Unido. En Washington, un antiguo vaquero de películas de serie B, Ronald Reagan, toma el control de la Casa Blanca. Se habla de una «revolución conservadora». Desregulación del comercio internacional y liberación de los flujos financieros. *Rocky IV* boxea a favor del capitalismo y en contra del comunismo. Como las caras del icónico cubo de Rubik, la política, la economía, la cultura y el consumismo se intrincan como nunca. La publicidad juega a ser artística. Un nuevo canal mundial, MTV, emite vídeos musicales las veinticuatro horas del día para cien millones de hogares de cuarenta y tres países. El primer clip que pasa en antena lleva el premonitorio título de un éxito de 1981: «Video Killed the Radio Star», del álbum *The Age of Plastic*. Los trece minutos y cuarenta y tres segundos del videoclip «Thriller» de Michael Jackson revolucionan la historia de la música pop. Un mundo sustituye a otro. Deng Xiaoping convierte China en una «economía socialista de mercado». En el Canto XI («Retrovisor»), el joven Louis Renault hacía bricolaje con su primer coche en su jardín; menos de cien años más tarde, Steve Jobs manipula su primer ordenador en el garaje de sus padres. En el incipiente universo de los videojuegos, Pac-Man devora a sus rivales en un laberinto. También en el mundo empresarial. Al igual que los *raiders* estadounidenses en busca de oportunidades para hacerse con el control de las empresas, un financiero francés adquiere casas de costura, de baúles y de champán. Lujo: del latín *luxus* («libertinaje, exceso, pompa»), derivado a su vez de *lux* («luz, brillo, lustre, gloria, ornamento»). En los años ochenta, el lujo se convierte en una industria en pleno auge planetario.

Cuando un analista inquiere acerca de su estrategia financiera, el jefe Jean-Louis responde que no quiere reñir con sus nietos. Y a la pregunta del cuestionario Proust «¿En qué país le gustaría vivir?», contesta: «En todas partes».

Trotamundos: palabra compuesta que vincula el caballo y la tierra. El jefe abre de par en par las contraventanas de su casa al mundo. Su esposa Réna, arquitecta, diseña las nuevas tiendas inauguradas en diversos continentes. Una banda de jazz recorre el planeta haciendo escala en las tiendas. A principios de los años ochenta, 24 Faubourg anuncia en su revista tribal el «nacimiento» de nuevas tiendas en Chicago, Fráncfort, Palm Beach, Londres, Miami, Ginebra y Las Vegas, además de contar ya con cuatro tiendas en Japón, dieciocho en Estados Unidos, dieciocho en la República Federal de Alemania, cero en la República Democrática Alemana y una en el Beirut en guerra... Durante los años siguientes, se anuncian gestaciones en Baltimore, Dallas, Kanazawa, Lausana, Nagoya, Osaka, Filadelfia, Seúl, Estocolmo, Sídney y Yokohama. En todas partes, el mismo afán por acoger a los clientes en una casa. El mosaico del vestíbulo de 24 Faubourg, sus plafones luminosos y la madera de cerezo emigran junto con reproducciones de piezas del museo (que no es un museo).

«Hermès debe ser parisino en París, americano en Estados Unidos y japonés en Japón», afirma Jean-Louis. En los años ochenta nacen los primeros «bebés probeta» concebidos fuera del cuerpo de la madre. A finales de la década, cae el Muro de Berlín. Un neoconservador de la Casa Blanca vuelve a poner en el candelero el fin de la historia al profetizar un mundo sin guerras. En 24 Faubourg, donde todo cambia para que nada cambie, la tienda se amplía una vez más. Tras diez años de obras, los nuevos espacios de *prêt-à-porter* femenino, moda masculina, porcelana, zapatería, joyería y perfumería se consolidan, al menos hasta la siguiente reforma. Una guarnicionería renovada expone sus últimos modelos.

Se abren dos nuevas puertas en el número 26 de la Rue du Faubourg-Saint-Honoré y en la Rue Boissy-d'Anglas, pero los clientes siguen prefiriendo utilizar la del número 24 de la Rue du Faubourg. En los seis pisos de la tienda, cerca de setenta personas trabajaban en más de treinta oficios artesanos. Guarnicioneros, marroquineros, talabarteros, fabricantes de baúles, toneleros, estilistas, lenceros, coloristas, escaparatistas, pespuntadoras, joyeros y orfebres se codean con los que venden, gestionan, almacenan, controlan, limpian o cocinan los menús del comedor.

A dos pasos de la ancestral guarnicionería, el laboratorio fotográfico, abierto a todos. Aquí el jefe revela su pasión por la fotografía y los negativos 24×36. No se separa nunca de su Leica. Fotografía como dibuja, siempre y en todas partes, y admite de buen grado que podría haber vivido una vida diferente. Una pared de la quinta planta expone fotografías tribales, las del jefe mezcladas con las de los empleados. Imágenes de viajes, de celebraciones familiares y de niños. En el laboratorio, el revelado fotográfico es un proceso químico mediante el cual la imagen latente invisible se vuelve visible. 24 Faubourg actúa como un revelador.

Revelado, revelación de Frédérick, un marroquinero. Redacta una carta en alejandrinos para comunicarle a su jefe que ya no quiere coser bolsos, que prefiere diseñarlos. Jean-Louis le asigna inmediatamente un banco de trabajo y un año para completar su proyecto. Una de sus creaciones, el modelo *Picotin*, se inspira en la forma de los sacos de pienso utilizados para darles a los caballos su ración de avena. Desde entonces, Frédérick no ha dejado de diseñar bolsos tribales.

Revelado, revelación de Valérie, marroquinera. «Una chispa» de dieciséis años, gracias a un profesor de marroquinería de la escuela Abbé-Grégoire, antiguo empleado de 24 Faubourg, que anima a sus mejores alumnos a trabajar allí. «Mamá, ¿qué es 24 Faubourg?». Su madre la lleva delante de los escaparates. «No vi los precios. Dije: ahí es donde quiero trabajar, para hacer algo bonito». Entra en 1989, en el taller, se une al departamento de bolsos R (de remachados), con pieles de lagarto, cocodrilo y avestruz.

Yo tenía diecinueve años y medio. Era tímida hasta el punto de que, en el taller, saludaba mirándome los pies. Me daba miedo la gente y el teléfono al sonar. Cruzaba los dedos para que nadie me dirigiese la palabra.

Los trabajadores mayores se desnudan en el taller y guardan su ropa de calle en una taquilla de madera situada bajo el banco de trabajo. Se ponen las zapatillas de trabajo y se ajustan las corbatas bajo la bata blanca.

Era realmente el mundo obrero. En los años noventa, los mayores veían llegar a muchos jóvenes. Algunos ocultaban lo que hacían con cajas de cartón por miedo a que alguien les robara el puesto. Había que ganarse su confianza. Mi formadora fue mi segunda madre.

Formadora, a su vez, desde los veintidós años, más adelante Valérie pasa al taller de los baúles (¡y de los machos!) en 24 Faubourg.

¡Ni una sola mujer! Eran unos bocazas de brazos fornidos. Me encantó trabajar con tipos que eran muy duros los unos con los otro, pero tenían un gran corazón. Coser un baúl significa coser a través de la madera. Es muy físico y muy técnico. Yo hacía cofres, joyeros, cosas con las que podía expresar mi amor incondicional por la marroquinería.

Después de los baúles, pasa al taller de encargos especiales para piezas únicas.

Empecé en el año 2000 con un diseño. El deseo del cliente, su sueño. Había que ponerlo todo a punto. Hoy somos siete en nuestro taller de 24 Faubourg. Hacemos soñar a la gente. Sigue siendo un trabajo muy artesanal, como en el taller de orfebrería. No tenemos modelos, ni moldes, ni plantillas. Realizamos cada paso. Todo. El objeto no existe sin nuestro trabajo. Yo estoy hecha para eso. Me he pasado toda la vida aquí. Mi timidez ha desaparecido. La casa siempre me ha permitido, y sigue permitiéndomelo tras treinta y cuatro años de trabajo, expresarme a través de un objeto. Vivo para ello.

Revelado, revelación de Jinny, que nació en Tanzania, en el seno de una familia india. Crece en Madagascar, habla inglés, suajili y tres dialectos indios, se exilia en París, donde adquiere rudimentos de francés descifrando las fotonovelas de la revista *Nous Deux*. En palabras de Jinny, dependienta, azafata y recepcionista en 24 Faubourg:

Cuando me pidieron que acompañara a los clientes al museo, lloré. Nunca había estudiado, tenía que memorizar el catálogo, los objetos, las historias… No conocía el vocabulario de guarnicionería. ¡Ni a Napoleón! ¡Así que me lancé a por todas! Aprendí el idioma de nuestros clientes japoneses. Hablo unas diez lenguas y todos están contentos. Cuando el señor Jean-Louis me nombró jefa de las azafatas, aún tenía problemas en francés con el *le* y el *la*.

En 1981, Indira Gandhi visita Hermès, y Jinny la recibe vestida con sari en 24 Faubourg. «¡*Namasté*, señora primera ministra!». A petición del jefe, a partir de entonces la azafata en jefe se vestiría así todos los viernes y sábados. Después del gran mutilado de guerra que abría la puerta, 24 Faubourg recibe en sari a la clientela. Antes de la apertura, Jinny comienza su jornada laboral regando los ramos de flores.

> Recibir es una cultura. 24 Faubourg no es una tienda, es una casa, el lugar donde vivimos. Es mi hogar. Lo preparamos como si se tratara de nuestra casa. Ayudamos a los clientes con sus compras, pero también les ofrecemos agua o té. He visto crecer a los hijos de los clientes. Me han invitado a Japón como si fuera una reina. En esta casa, incluso he visto a familias sacando sus fiambreras, sentadas en la moqueta de la tienda. Si se conversa amablemente, con una sonrisa, todo es posible.

Un sábado antes de la Navidad de 1987, un periodista de *The New York Times* asiste al frenesí de las ventas. La familia está ahí, entre bastidores, ayudando a los dependientes a doblar los carrés. Las hijas de Émile Hermès, y también los hijos y los nietos de ellas. El jefe Jean-Louis acaba de llegar de San Francisco. Irrumpe en la tienda, estrecha las manos, se dirige a los vendedores por su nombre de pila y pregunta cuántos carrés se han vendido ese día: 886; el récord está en 1.220. El periodista escribe que «el hombre que ha cambiado la imagen de Hermès y ha reactivado las ventas» lleva un maletín tribal «de fibra de carbono». Durante la entrevista, el jefe le cuenta que descubrió la importancia de las ventas durante un curso de formación en Nueva York. «Antes, estábamos más orgullosos de producir que de vender». En Estados Unidos, el nieto de

Émile Hermès ha creado puntos de venta por correo, un número de teléfono gratuito (800) y organiza demostraciones itinerantes de artesanía en lugares tan lejanos como el desierto de Nevada. Las ventas norteamericanas se han duplicado.

Bajo los tejados del número 24 de la Rue du Faubourg-Saint-Honoré, en el despacho del jefe, su batería convive con el dibujo de un árbol invertido, con las raíces ancladas en el cielo. Jean-Louis (jefe, 5.ª generación) explica:

Es el símbolo de nuestra casa. Captamos el espíritu de la época. Con nuestras raíces.

Las ventanas de su despacho dan a la terraza del número 24 de la Rue du Faubourg-Saint-Honoré, donde ha mandado plantar un manzano, árbol fetiche de la Normandía de sus antepasados. Con las raíces en la tierra y los frutos a la luz.

En la misma habitación que da a la terraza, tres décadas después. Una redactora del *Financial Times* almuerza con Axel (jefe, 6.ª generación). Le pregunta por el crecimiento de ventas y el volumen de negocio, igual que hiciera en su día el periodista de *The New York Times* con Jean-Louis. Los seis jefes han contestado a la misma pregunta en francos germinal de Napoleón Bonaparte, en francos Poincaré, en los nuevos francos del general De Gaulle y luego en euros. Miles, millones, miles de millones.

Tras el postre —milhojas de mango con fruta de la pasión y sorbete de mandarina—, Elisabeth, la chef, entrega a la periodista una bolsita de papel color naranja. El largo artículo del *Financial Times* concluye de la siguiente manera: «¿Qué maravilla puede contener esa bolsa tan pequeña? En realidad, se trata de un pequeño tarro de jalea de manzana del manzano de la terraza, atado con una cinta marrón y marcado con una etiqueta hecha a mano. Es encantador, desde luego, así que intento que no se me note mucho la decepción».

El antropólogo Maurice Godelier cuenta que, en Papúa Nueva Guinea, cuando un miembro de la tribu de los baruya conoce a un desconocido, le pregunta: «¿Ysavaa?» («¿De qué árbol provienes tú?»).

Canto XX

Fuegos y hielo

En el despacho del jefe, un chico de siete años descubre una pantera huida del escaparate, la gran batería con platos cobrizos y un cúmulo de amuletos insólitos. El niño interpela a su abuelo: «¿Te diviertes aquí?». Sorprendido, Jean-Louis da una respuesta de adulto: «En principio, cuando estoy aquí, trabajo». Precisa su contestación en su editorial de la revista tribal:

> Debería de haberle explicado que las cosas son más complicadas, que, en una casa como la nuestra, en cada piso y en cada terreno, la primera esperanza de todos es librarse del aburrimiento. Debería de haberle explicado que, para nosotros, el buen trabajo solo se consigue rechazando la rutina, mediante la fantasía creativa y el placer de innovar. Debería de haberle confesado que todos nuestros esfuerzos se dirigen en última instancia a sentir la profunda alegría que produce el sentimiento de honrar nuestra profesión. Sí, desde siempre, en Hermès trato de divertirme.

1987-1837 = 150

Para celebrar el centésimo quincuagésimo aniversario de la guarnicionería familiar, el 24 de enero de 1987, un espectáculo de fuegos artificiales ilumina el Sena. Una de las mejores fiestas reales del siglo XVIII, la que ofreció Luis XV en 1739 con motivo de los esponsales de su hija, le sirve de modelo al jefe Jean-Louis, a quien le encantaban las fiestas, ¡sobre todo la de los trabajadores, el 1 de mayo! Una réplica del Pavillon de Feu Royal, de nueve pisos de altura, flota entre el Pont-Neuf y el Pont des Arts. Tras el espectáculo final de fuegos artificiales, dos pirotécnicos a caballo iluminan la seda estampada de los talleres que cubría el pabellón. Unos rayos láser 3D proyectan en el cielo parisino el futuro cohete europeo Hermès. Espectáculo ecuestre de disfraces, acrobacias, cabriolas... Divertirse así exige por parte de la tribu dos años de trabajo y cientos de personas, para veintiocho minutos de fuegos.

Unos meses más tarde, para otra fiesta, todo el personal armado con cartuchos espera en las ventanas del número 24 de la Rue du Faubourg-Saint-Honoré, y, cuando se da la señal, alumbran el cielo con mil fuegos.

En Togo, entre los bassar, la danza del fuego T'bol dura toda una noche. Antes del amanecer, las brasas unen los pasos de los ancianos y los de los nuevos iniciados. Y entonces algunos de ellos acceden a una visión del futuro de la comunidad.

Más fuego, esta vez en el desierto del Thar, en la India. Jean-Louis (jefe, 5.ª generación) acompaña al orfebre, al costurero, al bolsero, al perfumista, al guarnicionero, al marroquinero, al fabricante-artesano de lámparas, al zapatero, para salir al encuentro de una caravana de artesanos forjadores. Recuerdo de Éric, joyero:

Los forjadores forman parte de los intocables, no se les deja entrar en las ciudades, no se les tiene en cuenta, aunque forjan cosas maravillosas de la nada. Secan estiércol de camello para hacer carbón. Montan el acero en blanco para forjarlo en la arena misma. Mi trabajo es muy parecido al suyo, pero como artesano, disfruto de un reconocimiento.

Recuerdos de Christine, guarnicionera y marroquinera:

La palabra no es el único lenguaje. Nuestras manos y nuestras herramientas han hablado por nosotros. Mis ojos lo escrutaban todo para entender el menor movimiento, la mínima expresión del rostro. A fin de cuentas, tenemos un oficio muy hablador. Hoy sigo escuchando los gestos: cuando golpeo el cuero con un martillo, tiene que resonar. Esta multiplicación de los sentidos, la he comprendido en la casa.

A lo largo de los años, varios miles de artesanos y de empleados viajan por el mundo fuera de los senderos balizados. En palabras de Pierre-Alexis (director artístico, 6.ª generación), hijo de Jean-Louis (jefe, 5.ª generación):

Con mi padre, todo era rito, metáfora y símbolo. Era un artista y un emprendedor que, para dirigir a su tribu, necesitaba rituales de iniciación y de representación que nunca dejó de inventar. Cuando entré en Hermès, mi padre me dijo: «Elige tu barco. Un barco se llama El Provecho, el otro barco se llama Los Hombres. A bordo del Provecho, todos los hombres trabajan para obtener provecho. A bordo de Los Hombres, el provecho está al servicio de los hombres». Mientras me hablaba, dibujaba un barco.

En *El pensamiento salvaje*, Claude Lévi-Strauss señala la similitud de los ritos de iniciación en todo el mundo: «Así en el África, como en América, Australia o la Melanesia, estos ritos reproducen el mismo esquema: se comienza por "matar" simbólicamente a los novicios sustraídos a sus familias, y se los oculta en el bosque o en la maleza, donde pasan por las pruebas del más allá; después de lo cual "renacen" como miembros de la sociedad».

Desde sus primeras exploraciones por 24 Faubourg, Pierre-Alexis recuerda un «lugar de misterios». Los martes, después de la escuela primaria y la formación religiosa en el templo, el niño de seis años regresa al despacho de su padre, de la mano de su hermana mayor. La tienda cierra sus puertas y apaga las luces. «Mi padre decía: "Nos vamos dentro de cinco minutos", lo cual significaba al cabo de hora y media. ¡Podíamos hacer lo que quisiéramos!».

Sin alarma, sin cámaras de vigilancia, sin barrera entre la tienda y la colección de Émile Hermès. Una vez dentro del museo (que no es un museo), Pierre-Alexis y Sandrine sacan las fustas, las espadas y las pistolas de sus armarios, se suben a las pequeñas calesas y a las frágiles sillas de montar antiguas. Travesuras y alegría. El tintineo del manojo de llaves del viejo guardián precede siempre a su paso lento. Sus dos palabras de reprimenda, «¡Vamos, niños!», suenan como una invitación a volver el martes siguiente.

Para la familia, 24 Faubourg no es un bosque de acceso cómodo y señalizado. Pierre-Alexis tiene once años cuando entrevé su camino. Sin que su padre lo sepa, pide a su abuelo Robert (jefe, 4.ª generación) que lo inicie en la costura del cuero: «Mis manos me lo estaban pidiendo a gritos, tenía que trabajar con ellas». Los miércoles, mientras los compañeros de colegio juegan al fútbol, afronta las pruebas en un taller del cuarto piso. Estrechar manos a la manera de los forzudos de los talleres no es cosa fácil. Para repetir los gestos de los guarnicioneros, Claude y Francis, sus maestros, con «manos de oro», le regalan dos agujas de tejer, agujereadas. La primera línea de puntadas del novato sale muy torcida, las siguientes se irán acercando poco a poco a la regla. Luego llega el momento del primer objeto cosido: un portabilletes de metro, seguido del primer cinturón, un metro sesenta de costura por fin rectilínea.

Para mí, lo más difícil no era coser, sino pulir. Después de coser, hay que lijar los bordes, darles redondez, encerarlos, pulirlos, luego encerarlos y pulirlos otra vez, y otra, y otra... En el taller, descubro el trabajo y la vida, la camaradería e incluso la fraternidad, un valor que me enseñaron de muy joven, de niño.

Durante siete años, todos los miércoles de las 14 horas a las 18, Pierre-Alexis cose. El aprendiz descubre la «inmensa ternura» de los capataces Claude y Francis, ambos incorporados a 24 Faubourg en los años cuarenta, cuando tenían catorce años. Todavía llevan la bata blanca de antes. La reserva y la producción de cuero vivían sus últimos años en 24 Faubourg. En el taller de Pierre-Alexis, una radio libre hace sonar «Still Loving You» de los Scorpions, seis lancinantes minutos de ese *slow* de 1984, de una historia de amor que no quiere terminar.

Mi mayor alegría fue pasar el verano de mis diecisiete años en el taller. Trabajé allí durante dos meses para hacer mi pieza, un bolsito con tapa de costuras muy finas. Claude lo miró, lo inspeccionó desde todos los ángulos. Nunca olvidaré la fuerza de su mirada. Era un hombre jorobado, muy guapo, con una nariz como el pico de un gavilán. Había hecho la pieza yo solo, y Claude me dijo: «Puedes bajarlo a la tienda».

En el siglo siguiente, en su despacho de director artístico, Pierre-Alexis trabaja en compañía de objetos y obras de arte, unas cuantas fotografías, dibujos, una escultura y también una tabla de surf, una guitarra eléctrica, dos cascos de la construcción de color naranja y una maqueta del 2CV con el que el abuelo, según dicen, cruzó los picos del Himalaya camino de la India. El sillón del jefe Jean-Louis, su padre, es ahora el suyo. De un mueble bajo, extrae una caja de metal azul.

Esta caja de herramientas me la regaló Claude cuando tenía yo doce años. Estaba tan orgulloso de ella que me la llevaba a casa y volvía con ella a 24 Faubourg todos los miércoles después de clase. Me acompaña en todas mis mudanzas, porque para mí es 24 Faubourg en miniatura.

En la caja: su cuchilla rebajadora, su fileteador para zurdos, agujas e hilo de lino, sus primeras líneas de costura sobre una piel curtida, de muestra, y un grueso cuadrado de cuero negro tan grande como la palma de la mano. Una Atlántida. En su superficie, tres grandes letras mayúsculas, cosidas con hilo amarillo, en punteado, las iniciales del padre.

Su despacho era un verdadero caos, repleto de objetos como el mío… Siguió yendo allí hasta que su cuerpo no se lo permitió más. Luego nos encontramos ante lo que yo creí que era el silencio, pero en realidad estaba lleno de historias, porque todo estaba ahí. Hice un trabajo arqueológico en los profundos cajones de su escritorio. Mi padre no ordenaba nada. Con cada capa, me remontaba en el tiempo. Llego a los años ochenta, y me tropiezo con esto: «Realizado por Pierre-Alexis, Navidad del 77». Me había olvidado por completo del regalo que le hice.

Y cuando lo encontré, me vino a la mente la imagen de mi padre cogiéndolo. Ese objeto no es un objeto, sino un vínculo vivo y extremadamente poderoso entre mi padre y yo, y entre yo y yo mismo, porque en el recorrido de ese hilo amarillo redescubro las horas, el esfuerzo y el orgullo de coser las iniciales de mi padre sobre cuero, en un color que yo había escogido. Los objetos tienen vida.

Entre el revoltijo de objetos conservados por Jean-Louis (jefe, 5.ª generación) en su despacho: un par de patines de hielo del siglo XIX y un bolso tribal completamente calcinado. Réna, su mujer y musa, lo llevaba en la inauguración de una exposición en un estudio que se incendió. Los esposos salieron ilesos de milagro. Jean-Louis, al igual que su padre Robert, había diseñado el cierre del bolso quemado en forma de nota musical. ¿Ave fénix o amuleto protector? La presencia de esos patines de hielo del siglo XIX sigue siendo un misterio para Menehould, que los conserva, junto con el bolso calcinado, como tesoros tribales. Fuego y hielo.

Durante una conversación, Pierre-Alexis alude casualmente a los inuit, cuyo nombre significa «los humanos». En palabras de Pierre-Alexis (director artístico, 6.ª generación):

Entre los inuit, cuando caminas sobre el hielo liso del invierno, puedes ver el mundo de los espíritus al revés. Caminas sobre el mundo de los espíritus. Yo funciono como un gato, extremadamente sensible. Poco a poco he ido comprendiendo que los objetos son depositarios de conocimientos, de cultura, de presencias y de los gestos de quienes los han fabricado. Un objeto-sujeto es un objeto que se tiene de pie. Posee vida propia y ya no depende de su uso. En un mundo en el que la producción industrial ha deshumanizado la fabricación del objeto, somos como los últimos mohicanos. Seguimos confeccionando objetos con nuestras manos y nuestra sensibilidad, dotando a nuestros objetos de una presencia.

Jean-Louis instaura un nuevo rito tribal: cada año tiene su propio tema, que se convierte en fuente de inspiración para objetos, escaparates y fiestas. Los fuegos artificiales de 1987 abren ese baile infinito. Le siguen: el mar en 1992, el caballo en 1993, el sol en 1994, el árbol en 1998, en busca de la belleza del mundo en 2001, las metamorfosis del objeto en 2014, en pos de los sueños en 2019, una odisea en 2021… Para el historiador Paul Veyne, «no cabe duda de que los griegos creían en su mitología porque se la contaban su madre y su nodriza».

La estatua del jinete pirotécnico que iluminó con sus fuegos artificiales las fiestas del centésimo quincuagésimo aniversario sigue siendo el abanderado de 24 Faubourg. Tres de los cascos de su caballo descansan sobre el parapeto de la terraza, el cuarto está a punto de dar un paso al vacío del Faubourg-Saint-Honoré. Las dos banderas que sostiene en cada brazo son dos carrés tribales. En palabras de Menehould, directora del patrimonio:

Nuestro Barón encaramado encima de la tienda no se parece en nada a un objeto Hermès. Se inspira en un pequeño croquis que representaba a un jinete que trabajaba para un circo. Ese jinete había actuado para la Fiesta de la Federación, precursora del 14 de Julio. En 1801, desfiló con fuegos artificiales en las manos, sin sujetar su caballo, con los brazos extendidos. Este espíritu del circo también está presente en 24 Faubourg. A Jean-Louis le encantaba contar la historia del jinete que fue detenido en pleno desfile por gritar «¡Viva la República!» en una época en la que ya nadie creía en ella. Este jinete a contracorriente, para nosotros es el caballo ganador.

Canto XXI

Terra incognita

Historias de caos primordial, de eclosión de huevo cósmico, de árboles frutales generosos, de seres supremos invisibles, de arcoíris como puentes... La sociedad tradicional se basa en un relato mitológico de la formación del mundo. Cosmogonía, del griego κόσμος (*kósmos*), «mundo», y γίγνομαι (*gígnomai*), «engendrar». La tribu de 24 Faubourg tiene la suya.

El relato primordial pone en escena al sexto hijo de la familia de un posadero protestante. Nace con el siglo XIX, en Krefeld, Renania. Thierry tiene veinte años cuando se va del reino de Prusia. La flecha de su brújula apunta hacia el oeste. ¿Por qué el exilio? ¿Cómo viaja hacia su nuevo Lejano Oeste? Leyendas, fabulaciones novelescas e historias familiares ofrecen varias respuestas. Volvemos a encontrar a Thierry como aprendiz en casa de un guarnicionero talabartero de Pont-Audemer, en Normandía, tierra de manzanos y guijarros. En 1837, Thierry Hermès (jefe, 1.ª generación) abre un taller de arneses en París y funda la empresa que lleva su nombre. Su hijo, Charles-Émile (jefe, 2.ª generación), traslada el taller al número 24 de la Rue du Faubourg-Saint-Honoré. Llega el momento de la luz y las nuevas materias. Las generaciones se suceden. Entrevistado por France Culture sobre su visión, Jean-Louis (jefe, 5.ª generación) revela en parte su representación tribal del mundo. Como suele ocurrir, el jefe empieza por el relato de uno de sus viajes a la India:

Un día vi una tela maravillosa, estampada a mano con una técnica determinada. El artesano que me la presentó parecía apenado; le pregunté por qué. Me dijo que todo lo que había hecho ese material, esa tela, procedía de veinte millas a la redonda de su pueblo. Para abrir una carretera, habían talado el único árbol que producía la hoja que, por decocción, producía ese color amarillo.

¡Ya no quedaba más amarillo! Pensaron que hacían bien abriendo una carretera que llegaba hasta el pueblo, y habían arruinado a los aldeanos. Para que exista un material, hace falta mucho más que la voluntad de los hombres, se necesita, en primer lugar, una geografía, y luego una situación determinada de la sociedad en cuanto a su producción, animal o vegetal. Nuestros carrés son el resultado de la unión de la región de Lyon y de París. Detrás de Lyon, por supuesto, está el Ródano, y luego está Asia. En esta casa, el cuero no es solo cuero, es toda una geografía extraordinaria: cerdos ingleses, cabras y ovejas de Mazamet, terneros que hoy solo se encuentran en libertad en los prados del Tirol austriaco, porque en otros lugares la evolución de la sociedad hace que los metan entre dos bloques de hormigón, se hinchen y ya no haya pieles. Se produce todo el tiempo ese juego entre la tradición, que, de alguna manera, significa «mantenimiento, constancia, conservación», y la creación, que quiere decir «cambio, novedad». Pienso que el secreto está en no creerse demasiado creativo ni demasiado tradicional.

Thierry y su hijo Charles-Émile (jefes, 1.ª y 2.ª generaciones) instalaron sus talleres en el corazón del mundo del caballo. Ahora, a instancias de Jean-Louis, se disponen a trasladarse al corazón del mundo obrero. Pantin, a las puertas de París.

Pantin deriva de *pantine*, la madeja de seda del siglo XVI cuyo ancestro latino, *pannus*, significa «paño». El terreno adquirido para construir la nueva casa tribal está justo enfrente de lo que fue, durante siete generaciones, el mayor mercado de caballos de la región de Île-de-France. Antes de las obras, el espacio albergaba las cubas de un fabricante de licores, las cámaras frigoríficas de un mayorista de carne y la sede de la sección municipal del Partido Comunista. Se está construyendo una pirámide de cristal. El jefe sueña con una nueva ciudad de «el saber artesanal y el bienestar». En cinco niveles, un atrio central dispersa la luz cenital por talleres con paredes transparentes. Hay un foro, una guardería, varios restaurantes, flujos de agua, jardines de plantas raras… En palabras de Jean-Louis a los trescientos obreros de 24 Faubourg que se van a Pantin, a *terra incognita*:

Nuestra riqueza es nuestra tradición. Nuestra energía es el futuro. Necesitamos un edificio para el mañana.

Traducción de la palabra «pirámide», en jeroglíficos del Antiguo Imperio.

Cuando una parte de los talleres de 24 Faubourg se muda a Pantin en 1992, el mundo obrero se extingue en toda Francia. Las últimas minas cierran, los antiguos mineros trabajan en las cadenas de producción de la industria automovilística, donde los robots los sustituyen poco a poco. En los nuevos talleres de Pantin, los propios obreros de 24 Faubourg se autodenominan artesanos. Algo así como un ennoblecimiento del trabajo al final de un siglo azotado por el paro masivo.

Artesano: de *artigiano*, el artista del Renacimiento italiano, el que pone su saber artesanal a disposición de los demás. Un bolso, un artesano. En *Tiempos modernos*, Charlot atornilla sin parar la misma tuerca y acaba siendo engullido por la cadena que debía alimentarlo. El artesano tribal realiza su pieza de principio a fin. Cuida y firma su trabajo, en el propio objeto, con unos jeroglíficos desconocidos para los egiptólogos.

En Pantin, el nuevo taller de los hermanos André y Lionel, figuras de 24 Faubourg, linda con el despacho del jefe. Los dos hermanos son los últimos capataces que llevan *blouse*, bata blanca. En Pantin se les conoce como los «Blouses Brothers». En palabras de André, que entró en 24 Faubourg a los dieciséis años, marroquinero y capataz con más de cuarenta años de experiencia en el oficio:

Un capataz es una bata blanca y una corbata. Es la armadura. Capataz = contramaestre: contra el maestro, contra mi patrón. Tengo que poder decirle: Mira, me falta un poco de aceite en ciertos engranajes. El capataz sigue siendo un artesano. Refunfuña siempre. Defiende los valores. El capataz vela por la transmisión de todos los saberes, los que le han dado y los futuros, aún desconocidos.

En palabras de Lionel, hermano menor de André, marroquinero y capataz, él también con más de cuarenta años de
experiencia en el oficio:

La bata blanca es nuestra segunda piel; sin ella, me siento des-
nudo. Un taller es una casita dentro de una casa grande. Soy hijo
de esta casa, me ha hecho crecer como es debido. Ahora me toca
ayudar a crecer a mis semejantes, con consideración. Nuestro
oficio ha resistido el paso del tiempo y nuestro saber artesanal
no deja de enriquecerse. Seguimos utilizando las mismas herramientas, nos siguen a todas partes. Cuando Jean-Louis nos preguntó a mi hermano y a mí cómo queríamos llamar a nuestro
nuevo taller de Pantin, elegimos Harmonie [«Armonía»].

Para la inauguración, el 18 de mayo de 1992, el ministro
delegado para la Artesanía, el prefecto de Seine-Saint-Denis y
el alcalde de Pantin ocupan sus puestos en el atrio, frente a los
nuevos empleados, incluidos los trescientos artesanos de 24 Faubourg. Entre los miembros de la familia, el jefe Jean-Louis está
rodeado por la decana, «nuestra querida tía Yvonne», hija de
Émile Hermès, y la empleada más joven de los nuevos talleres.
El jefe intenta comunicarse con 24 Faubourg. No apela a los
espíritus, sino a la fiabilidad de un haz de electrones. Jean-Louis
(jefe, 5.ª generación) toma el micrófono:

Si se fijan bien en la imagen, verán que la gente de 24 Faubourg
está reunida a la entrada de la tienda —es en tiempo real—. Saben que son ustedes varios cientos de personas aquí, mirando
esta pantalla. Tenemos televisores, cuatro en la entrada del ascensor y cuatro en el atrio central, que estarán permanentemen-
te conectados a los escaparates de 24 Faubourg, al museo y, gra-

cias a las cámaras giratorias, a la puerta de la tienda para ver si entran más clientes de los que salen.

Durante las ceremonias rituales, los gunas de Panamá esconden el cordón umbilical del recién nacido en un lugar secreto del bosque. Los navajos americanos y los zulúes sudafricanos entierran el cordón lo más cerca posible de la familia, los bali aga de Bali bajo una única familia de árboles y los igbos nigerianos junto a un manantial. En la era del 5G, la conexión televisiva «en directo» entre 24 Faubourg y Pantin aún no se ha cortado. Sus imágenes borrosas con los colores de antaño perpetúan la visión del jefe Jean-Louis:

No creerse demasiado creativo ni demasiado tradicional.

A finales del siglo XX, el Faubourg-Saint-Honoré sufre una metamorfosis. En el transcurso de una generación, los habituales de 24 Faubourg ven desaparecer del barrio:

- el café contiguo donde, a partir de las siete de la mañana, los obreros toman café y copas de vino tinto en la barra,
- el restaurante Luyneau, con su dueña en el comedor y su marido en la cocina, de donde se sale oliendo a patatas fritas,
- las tiendas de alimentación: frutas y verduras, panaderías, carnicerías, pescaderías, charcuterías, bodegas,
- las tintorerías con sus planchadoras en el primer piso, que todavía utilizan pequeñas planchas para glasear la pechera de las camisas de cuello pajarita,
- lo que queda de vida popular, el descaro, el acento parisino,

– los puestos del mercado de la Cité Berryer donde, frente a la salida de los talleres, el personal de 24 Faubourg hace sus compras.

En 1992, la Cité Berryer fue demolida para dar paso, tras el desalojo de las últimas tiendas, a los lujosos rótulos del Village Royal, que pretende ser el pasaje «más glamuroso y chic» de París. En 24 Faubourg, se acuerdan de haber visto colgadas de sus fachadas las anillas utilizadas para atar los caballos de los mosqueteros del rey Luis XIII. La Rue du Faubourg-Saint-Honoré, entre los números 28 y 58, cuenta con veintidós tiendas de lujo en ciento noventa metros de acera. Las dos casas históricas, la de la sombrerera Jeanne Lanvin y la del guarnicionero Émile Hermès, se erigen como dos faros a la entrada de un puerto de mareas tumultuosas.

Los talleres de guarnicionería, de encargos especiales y de *prêt-à-porter* masculino permanecen en el Faubourg. La colección del museo (que no es un museo) se enriquece constantemente. La tienda continúa su perpetua transformación. El espacio que no se puede ganar en los pisos superiores o en los edificios vecinos, se conquista en profundidad. Se excavan sótanos en tres niveles, reforzando los cimientos. 24 Faubourg sigue fiel a su espíritu, nunca igual y siempre el mismo. Basándose en este modelo, se construyeron casas tribales en Tokio, Nueva York, Seúl y Shanghái. Los códigos viajan y perduran. Un manga, エルメスの道 (*El camino de Erumesu*) —Hermès en japonés— reconstruye la epopeya tribal de generación en generación. Siguiendo el ejemplo de los estorninos pintos, las tortugas marinas y los salmones, a finales del siglo XX, diversos objetos nacidos en 24 Faubourg regresan a casa tras una larga migración. Un rinoceronte blanco de escayola, cuyo cuerpo había sido recubierto con piel de avestruz por el equipo escaparatista, y el cuerno de nácar, se va a Suiza y luego vuela a Denver, donde un coleccionista, años más tarde, prefiere devolver el imponente animal a 24 Faubourg. También regresa de Estados Unidos una silla de montar para niños, acompañada de una carta de su donante:

En el verano de 1934, una niña se maravilló al descubrir la silla de montar en cuero de ternero doblis rosa que había llegado para ella a Pensilvania procedente de 24 Faubourg. Le encantaba la silla, que quedaba preciosa en su poni francés blanco llamado Poupée. Tras una conversación entre la sillita y su dueña, ya adulta, se decidió que volvería a 24 Faubourg. Estará encantada de pasar ahí el resto de su vida.

Un bolso de mano *Verrou* de 1938, que Andy Warhol encontró en un mercadillo para su musa, halla el camino de vuelta a 24 Faubourg. Un par de zapatos de rafia, cosidos a mano durante la guerra, y la carretilla forrada de cuero de 1947 que el duque habría regalado a la duquesa de Windsor. Los misteriosos guantes izquierdos que Annie había legado a Pascale (miembro del Consejo, 6.ª generación) van descubriendo poco a poco a sus compañeros de la mano derecha. Jean-Louis recoge en la calle un avión de papel que lleva las palabras EN HUELGA escritas con lápiz, lanzado desde las ventanas de 24 Faubourg, y lo sube a su despacho. En palabras de Jean-Louis (jefe, 5.ª generación):

Pinocho, uno de mis libros de cabecera, revela el sueño de todo artesano: crear un objeto que sea tan fuerte como la vida misma y que la trascienda.

Dos muchachos escoltan un pequeño caballo desde Marsella hasta 24 Faubourg. Traen consigo un objeto de madera tallada de cincuenta centímetros, recubierto de cuero de ternero rasurado, y quieren hablar con el jefe: «Hemos venido a verlo porque nuestra abuela ha muerto. La señora Dupin siempre conservó este caballito de su marido, el señor Dupin, nuestro abuelo, un gran artesano guarnicionero. Cuando se fue al hospital, quiso llevarse el caballito con ella. Pero bueno, en fin... El caso es que se murió. Y este caballito, nos dijimos, no podemos venderlo. Debe seguir gustando. Entonces pensamos que quizá usted podría aceptar acogerlo y cuidarlo». Jean-Louis (jefe, 5.ª generación) cuenta la continuación de la historia:

> Cuando recibí este maravilloso regalo, tuve la idea de fotografiarlo en las manos de Yvonne y Aline, las dos hijas aún vivas de Émile Hermès. Aquí, todos los objetos tienen su propia historia, y cada uno ha encontrado su camino para revelarse a nosotros. Nos da la impresión de que son los objetos los que escogen su destino y no el azar.

El caballito de Alexandre Dupin se incorpora a la colección del museo Hermès (que no es un museo), tras haber obtenido una mención honorífica en la Exposición Universal de Lyon de 1894. Una lupa revela las puntadas del hilo de lino de su arnés: dieciséis puntos perfectos e invisibles por pulgada, cada 2,707 centímetros. En palabras de Pierre-Alexis (director artístico, 6.ª generación), hijo de Jean-Louis:

> Damos forma a los objetos y, a cambio, los objetos nos dan forma a nosotros. Un objeto, por el uso y la sensorialidad a la que induce, provoca un efecto en la persona que lo utiliza. Fabricar

un objeto es una responsabilidad. Como me decía mi abuelo Robert: «No venderemos rifles de caza porque alguien podría hacer un mal uso de ellos». Si se acepta la idea de que los objetos no son inertes, sino que actúan sobre nosotros, sobre nuestro comportamiento, ¿qué es 24 Faubourg? Una casa marcada por personalidades fuertes que han acogido a sus semejantes. Se puede hablar de tribu.

Para su primera colección tribal inspirada en el caballo, Jean-Paul Gaultier concibe el desfile otoño-invierno 2004-2005 en el picadero de la École Militaire, entre pacas de heno. Modelos con el pelo recogido en cola de caballo, falda plisada hecha de carrés de seda, corsés de cuero cosidos con punto de guarnicionero, el logotipo de 24 Faubourg en transparencia en el dorso de una chaqueta con capucha, botas altas de cuero negro, una fusta de cochero... Cuatro días antes del desfile, la hija de Julie y Émile Hermès, la tía Aline, de noventa y siete años, le envía una carta al hombre conocido como el *enfant terrible* de la moda:

Querido Jean-Paul:

Me ha encantado saber que el vestido de amazona de mi madre le ha servido de fuente de inspiración, a usted, que, desde luego, no carece de ella. Tengo absoluta confianza en lo que va a crear para y con nosotros.

Le envío una fotografía de mi madre con ese vestido; mi nieta Pascale, con quien espero que trabaje en ósmosis, es clavada a ella.

Este retrato es ciertamente inmóvil, pero mi madre y su yegua están muy vivas, incluso se mueven por dentro, un poco como sus piezas.

«Vestirse es prever», sobre todo a mi edad, así que cuento con usted para mi próximo cumpleaños.

Con todo mi afecto,

Aline Hermès

Aline Hermès

PS: Para su próxima colección con nosotros, es decir, nuestra colección: «Lanza tu corazón por encima del obstáculo y tu caballo irá a buscarlo».

Étonner («sorprender»), del francés antiguo *estoner*, lo que hace el trueno y también el rayo que cae (*extonare* en latín, «tronar» en español).

En Uganda, en un campo de refugiados sudaneses, un huérfano, Sefedín, dibuja sus recuerdos de su mundo perdido. Cuando una doctora del campo llama a la puerta de 24 Faubourg para mostrar sus pinturas al pastel, es bien recibida. Un dibujo del joven Sefedín se convierte en el carré *Nuba Mountain*, la montaña sagrada y protectora de los nuba.

En Tokio, para presentar el concierto escogido para la ocasión, interpretado por dos músicos africanos, Jean-Louis se dirige a un numeroso público de invitados japoneses vestidos con esmóquines, pajaritas y kimonos de seda:

El mundo se mueve, Japón avanza. Más allá de las tierras y los mares, está África. Todos somos africanos. Nuestras raíces están ahí, las raíces del mundo humano. Vivimos en un mundo de ritmos.

Y el jefe, solo en el escenario, marca el compás chasquean-
do los dedos. Bajo su impulso, el tempo de las partituras tribales se acelera. En la batería de 24 Faubourg, bate dos veces
la caja. El ritmo binario es el de la estabilidad.

Primer tiempo, 1989: el año en que los Tambores del Bronx
desfilan por la Avenue des Champs Élysées para celebrar el bi-
centenario de la Revolución francesa, es también el año de las
grandes maniobras y de las adquisiciones en el sector del lujo
francés. El jefe Jean-Louis asegura la herencia familiar creando
una sociedad comanditaria por acciones. La tribu conserva el
control de la gestión de sus asuntos. En palabras de Jean-Louis
(jefe, 5.ª generación):

Cuando vi que llovía en casa del vecino, cogí un paraguas.

Segundo tiempo, 1991: con un *riff* de mandolina, el rock
alternativo de R.E.M. conquista el planeta con «Losing my
Religion», una historia de amor no correspondido. La casa co-
tiza ya en el mercado secundario bursátil. Tres cuartas partes
de las acciones permanecen en manos de la familia. Los perio-
distas preguntan si no era mejor mantenerse apartado de los
mercados financieros, y el jefe Jean-Louis responde:

Quizá, pero entonces no deberíamos de haber tenido cincuenta
y nueve descendientes de Émile Hermès ni vivido el tipo de
desarrollo que hemos conocido en los últimos doce años. He
visto cómo se desvanecían muchas estrellas fugaces, y también

asteroides convertidos en soles. Nuestros accionistas tendrán menos probabilidades de tomar decisiones de venta en beneficio de los depredadores.

Hermès alberga catorce oficios artesanos, cuatro mil empleados, nuevas manufacturas en toda Francia y trescientas tiendas por todo el mundo. *The New York Times* señala que las ventas han pasado de cincuenta millones de dólares en 1978 a más de cuatro mil millones a principios del siglo XXI. En la terraza de 24 Faubourg, el manzano sigue dando frutos, que Jean-Louis ofrece a sus invitados. La próxima generación regalará sus tarritos de jalea de manzana. En uno de los nuevos canales de noticias veinticuatro horas, una Nochevieja, el jefe Jean-Louis pronuncia estas palabras en directo:

> Nos sabemos el nombre de la cajera de la tienda de Beverly Hills que hizo la mejor venta anteayer. Somos una empresa pública que cotiza en el mercado secundario, una empresa familiar que pertenece en un 80 por ciento a mi familia, y una empresa casi tribal.

El guarnicionero Juan (Canto XVIII: «Clavos») está preocupado porque ve a Jean-Louis corriendo cada vez más por los pasillos y escaleras de 24 Faubourg. En una reunión, le pregunta al jefe: «¿Es usted esclavo o faraón? Yo más bien creo que es usted un esclavo». Jean-Louis contesta de inmediato con un dibujo hecho en la esquina de la mesa.

Veinticuatro horas de fiesta ininterrumpida, en 24 Faubourg; el 24 de octubre de 2007 celebran la renovación de la tienda. Músicos y bailarinas de Rayastán comparten escenario

«Gentileza del faraón esclavizado pero feliz de 24 Faubourg». En la base de la pirámide, el nombre del padre, Robert (jefe, 4.ª generación).

con un grupo de góspel, ¡Aleluya! Las bailarinas más jóvenes de la Ópera giran y giran sobre cajas de color naranja, unos raperos con camiseta de tirantes y gorra hacen temblar las vitrinas de la colección de Émile Hermès con sus escansiones, los tacones de una bailaora de flamenco golpean el mosaico ancestral, y Jane Birkin se sienta en los peldaños de la nueva escalera acristalada cantando «As Time Goes By»... Con las primeras luces del día, en la terraza, una sesión de yoga arranca de la oscuridad a los últimos noctámbulos, y las notas de los cuencos tibetanos se mezclan con los primeros cláxones parisinos. El local no tarda en abrir sus puertas a los clientes y la fiesta se prolonga hasta la noche. El jefe no está. La enfermedad obliga a Jean-Louis a mantenerse alejado de su querida casa. Para anunciar su partida a la tribu: ningún anuncio solemne, ningún requerimiento, ni siquiera recomendaciones, sino un pequeño dibujo de su propia mano.

Lo vemos pedaleando por un camino sinuoso. Saluda a su tribu sin detenerse. Un bolso lo saluda a su paso. Bajo un sol radiante, el bolso y el jefe sonríen. Como buen artífice de las metamorfosis de 24 Faubourg, el jefe estampa su firma al pie de su dibujo.

En palabras de Jinny, dependienta y azafata (Canto XIX: «Manzano»):

Quería ir a verlo a su casa a pesar de su enfermedad. Él fue quien me dio un puesto de responsabilidad en 24 Faubourg. Fui una primera vez con Marie, la encargada de hacer los paquetes para regalo. Llovía a mares. Había llevado mi sari en una caja naranja para ponérmelo, y él me dijo: «Es usted un rayo de sol». Quince días después, volví con un disco, mis cascabeles, algunas joyas y un sari turquesa. Bailé para él, cantando «Malaika» en suajili.

Jean-Louis (jefe, 5.ª generación) fallece el 1 de mayo de 2010, el día Internacional de los Trabajadores. Un cuarteto de jazz acompaña su féretro a la salida de la iglesia. Sin ostentación, su retrato se une a los de su padre Robert, Émile, Charles-Émile y Thierry Hermès en el pilar centenario de la tienda.

Con motivo de la jubilación de Jinny, en 2017, toda la tribu se da cita en los peldaños de la escalera. Tras el cierre de las puertas de la tienda, la dirección, la familia, los compañeros y las compañeras, y las señoras de la limpieza se han puesto saris y turbantes de colores. Discurso de Axel (jefe, 6.ª generación) y coreografía cantada bajo una lluvia de pétalos de rosa. En honor a Jinny y a sus cuarenta y tantos años en la casa, Bollywood irrumpe en 24 Faubourg. La danza tribal, a medio camino entre el *Bharata Nāṭyam* y el *hip-hop*, se inspira libremente en el «We Will Rock You» de la generación anterior.

Dos pisos y medio más arriba, en el laberíntico camino que conduce al despacho de Menehould, se alza una pared de buzones. En uno de ellos, las iniciales del jefe fallecido. El buzón JLD no está cerrado con llave.

Canto XXII

Rosebud

Primer entrelazamiento.

La terraza, su jardín, un manzano: cincuenta metros cuadrados suspendidos en el quinto piso, entre el asfalto de la Rue du Faubourg-Saint-Honoré y el éter celeste. Esta miniatura del Edén tiene su propio árbol con fruta prohibida, que aquí se convierte en mermelada. La Reina de Corazones del Jardín de *Alicia en el País de las Maravillas* se llama Yasmina. Dice que tiene el mejor trabajo de 24 Faubourg: jardinera.

Construida durante la renovación de los locos años veinte, la terraza acoge las primeras sesiones de fotografía de moda. Durante la Segunda Guerra Mundial, alberga plantas de patata y tabaco. Tras la Liberación, flores. Bajo la dirección de Jean-Louis, arraiga el manzano normando. Cuando Yasmina lo ve por primera vez, el frutal está resplandeciente; cuando su senectud se hace patente —cero manzanas en 1992—, Jean-Louis (jefe, 5.ª generación) se preocupa.

En palabras de Yasmina:

Yo trabajo con los espíritus de la naturaleza. Hablo con ellos. Cuando llego les doy los buenos días. Sé que las plantas me ven, me oyen, que tienen conciencia. Me puse delante del manzano y le dije: «Escucha, si no das más manzanas, ¡te corto!». La primavera siguiente, estaba cubierto de flores. En septiembre, ¡una manzana! No dos, ¡una! Le dije: «Tienes sentido del humor. Lo he entendido, no te cortaré». Hay que hablar, decir las cosas. Desde aquel día, aunque una tormenta reciente le dejó una sola rama al viejo árbol, siempre hemos tenido manzanas, siempre.

El manzano, una *Magnolia grandiflora*, un espino blanco, hibiscos, una lila, lavanda, rosales de flores blancas y rosas… En palabras de Yasmina:

El jefe Jean-Louis quería flores blancas. Yo puse de color rosa, por llevarle la contraria, pero también para que se viera mejor el blanco. Esas *Impatiens* blancas, con su corola de cinco centímetros, dudo de que le hubieran gustado. Son un poco «mírame y no me toques», pero yo dejo que las plantas se expresen libremente.

Después de la jalea de manzana, las colmenas de 24 Faubourg ofrecen sus pequeños botes de miel. Cuando una reina y su enjambre de abejas eligen como refugio un rincón inaccesible del tejado, Yasmina se dirige a «Su Majestad» al final de la tarde para pedirle que se traslade a un lugar accesible de la terraza. A la mañana siguiente, encuentra al enjambre y a su reina encima de *La Frileuse*, una estatua de piedra.

En verano, Yasmina enseña la terraza a sus compañeros de las sombras, esos de los almacenes del sótano o del departamento de arreglos, que ni siquiera saben que existe, como el contable que, tras dieciocho años en la misma casa, no entendía la compra de bolas de grasa para pájaros. En treinta años, Yasmina ha visto desaparecer de su jardín tres especies de herrerillos (el azul, el carbonero común y el capuchino), así como chochines comunes, trepadores azules, verderones y también gorriones. A principios del nuevo milenio, Jean-Louis celebraba sus reuniones en una sala contigua a la terraza y tenía que salir para mandar callar a los pájaros. Veinte años después, solo un par de palomas torcaces siguen arrullando en la terraza. El sol, que ayer calentaba, ahora quema. Yasmina nunca ha tratado el jardín con ningún producto fitosanitario: jabón negro, purín de ortiga ¡y nada más! En palabras de Yasmina:

> La ortiga no se siembra, viene sola. Se ofreció al jardín: «Estoy aquí, te doy oxígeno». Hay que pensar así. La vida en la Tierra es un milagro permanente: ¡una bola se mueve por el espacio y aquí estamos! Para celebrar el último Premio Nobel de Física, que prueba el entrelazamiento cuántico, todos deberíamos haber salido a la calle. En la Tierra, estamos conectados como partículas entrelazadas. No entiendo los artículos científicos sobre física cuántica, pero leerlos me hace feliz. Quiero escribir en mi lápida las palabras de Gregorio de Nisa: «El que asciende nunca deja de ir de principio en principio, por principios que nunca tienen fin». Cuántico, ¿a que sí?

Segundo entrelazamiento, tres pisos más abajo.

Bajo la terraza, en el segundo piso, están repintando estiércol. Estiércol para el próximo escaparate en homenaje a Annie (Canto XIII). La que trabajó como escaparatista de 1920 a 1978, expuso estiércol y gorriones vivos para sugerir el paso de un caballo por el escaparate. Cincuenta años después, el taller de decoración de Antoine cuenta con un equipo de unas diez personas. Ideas, bocetos, fotografías, reuniones, *briefings, moodboards*, cuadernos de tendencias e inspiración, maquetas, figuras hechas a escala en los pisos superiores… En 24 Faubourg sigue habiendo cuatro escaparates al año, uno para cada temporada, y la revelación teatral se lleva a cabo levantando el telón. En palabras de Antoine, director de interiorismo y decoración:

> Hacemos tonterías bastante refinadas. La increíble historia de esta casa comienza en la paja de unas caballerizas. Confiar los escaparates, la imagen y la concepción de 24 Faubourg a personas como Annie, Leïla o yo mismo, dándonos carta blanca, ¡es una locura! Annie expresaba la libertad, su fantasía y su creatividad. Era una artista autodidacta con un toque punk. Leïla dejó Túnez para estudiar Bellas Artes en París. Podía hacer que le enviaran cientos de kilos de arena del desierto para expresar su idea de la pompa y el viaje en escenarios dignos de *Las mil y una noches*. En este barrio, que ya no tiene vida popular, intento conectar con la calle, sobre temas contemporáneos, para transeúntes que no entrarán en la tienda. Cuando empecé, hace diez años, pensaba que me iban a lanzar tomates y que me echarían rápidamente. Como a Annie y a Leïla —no teníamos «casa» ninguno de los tres—, también me acogieron.

Antoine, antiguo escenógrafo de cine, se refiere a *Ciudadano Kane*, la obra maestra de Orson Welles. La película empieza con la muerte de un hombre rico y famoso que, en su último aliento, pronuncia una enigmática palabra: «Rosebud» («botón de rosa»), y el guion se basa en una infructuosa investigación periodística para desentrañar el misterio de ese «Rosebud». Al final de la película, los empleados de la mansión queman los preciados objetos del coleccionista fallecido. Ya nadie los mira. La cámara revela únicamente al espectador que «Rosebud» es la palabra inscrita en su trineo de cuando era niño, que es arrojado a las llamas. ¿Misterio o revelación del objeto? ¿Quién ve, quién sabe? ¿Qué desvelar, qué seguir manteniendo en secreto en la casa del coleccionista?

Entrelazamiento = intrincación, del latín *intrincare*: «embrollar», «enmarañar».

El escaparate de 24 Faubourg donde Antoine expuso un trineo *Rosebud* sigue siendo uno de los favoritos de Axel (jefe, 6.ª generación), fiel espectador, junto con su primo Pierre-Alexis (director artístico, 6.ª generación), de los rituales de subida del telón del teatro callejero tribal. Sumida en la penumbra, una mano enguantada tira de un cordón centenario, haciendo que salga un nuevo sol.

Entre bastidores, se dice que los objetos nacen en el taller, pero que su vida depende de quienes hacen uso de ellos. En Tokio, tras la muerte de su madre, la joven Eriko hereda un bolso *Kelly* y no sabe qué hacer con él. Una dependienta de la tienda de Ginza lo inspecciona desde todos los ángulos y le dice a la joven enlutada:

Este bolso todavía tiene ganas de vivir.

Palabras tribales entrelazadas, tanto en París como en Tokio. Tercer entrelazamiento, subterráneo.

En el tercer sótano de 24 Faubourg, un pozo. El cuero y la seda flirtean con el agua de una capa freática excavada por el tiempo, entre arcilla y yeso preludiense. Pascale (miembro del Consejo, 6.ª generación) recuerda haber acompañado allí a su madre, de pequeña. Pertrechadas con unas botellas vacías, caminan sin prisas hasta 24 Faubourg, en busca de agua. En los años sesenta, los empleados de la casa y sus familias beben de esa misma fuente.

En otro tiempo, donde ahora está 24 Faubourg, se hallaba la Villa Episcopi, propiedad del obispado. En medio de las marismas y los campos, una granja y su pozo. El catastro menciona que, en 1612, el párroco de La Madeleine abandona el terreno en favor del jardinero del rey Luis XIII. En el terreno agrícola, un nuevo edificio es habitado sucesivamente por la viuda de un tendero y sus hijos, por unos burgueses sin fortuna, después por sus acreedores y finalmente por un recaudador de la Lotería Real de Francia. En 1852, los archivos precisan: «En general, la casa está en buen estado, pero solo puede ser habitada por artesanos. Pequeño patio y una bomba». Un «peluquero-fabricante de pelucas», un «comerciante de novedades» y un vendedor de relojes beben del agua del pozo. Por aquel entonces, la casa consta de «tres tiendas y de alojamientos de dos y tres habitaciones, todos comunicados por dos escaleras bastante empinadas y feas». El 13 de agosto de 1923, Émile Hermès compra la casita ocupada por la empresa familiar desde 1880.

Otras fuentes históricas mencionan la existencia, en los mismos terrenos del pequeño pueblo agrícola, de un feudo de la encomienda de Saint-Jean-de-Latran, orden religiosa, militar y hospitalaria. Granja u hospicio desde la Edad Media, el número 24 de la Rue du Faubourg-Saint-Honoré sigue siendo un refugio en el siglo XXI. En palabras de Axel (jefe, 6.ª generación):

Es una casa. No digo que tengamos un modelo perfecto, pero estamos aquí para acoger —cosa rara— a personas que no son forzosamente utilitaristas, a personas que necesitan una cultura más oral que escrita, aunque se escriba cada vez más. Nos hemos profesionalizado, contratamos a nuestro personal de manera distinta que antes. Nuestra gran fuerza, que no debemos perder, y la de 24 Faubourg, es que todos éramos un poco incompetentes en nuestro trabajo. Ha sido la empresa la que nos ha sacado adelante. Nos hemos convertido en otra cosa gracias a la casa. Ninguno de nosotros habría sido lo que es sin ella. Si la escuchas, la casa te hace crecer. Asistí a la fiesta de despedida de una dependienta que había contratado mi abuelo Robert. Me contó cómo fue su contratación: «Acababa de volver de Argelia tras la muerte de mi marido. Su abuelo me preguntó qué sabía hacer. Le contesté: "Estoy criando a tres hijos y sé hacer té". Él replicó: "¡Eso es exactamente lo que necesitamos!". Y al día siguiente empecé». Aquí, estás en la casa de alguien.

En palabras de Pascale (miembro del Consejo, 6.ª generación), que cuando aún era una niña solía ir a buscar agua al pozo de 24 Faubourg, de la mano de su madre:

Ahora hace falta una tarjeta de identificación para entrar. Yo había olvidado la mía. Le explicaba a la chica de la entrada, no que estaba en mi casa, porque no me gusta decirlo así, pero, vamos… «Usted tiene unas normas y todo eso, pero, por favor, consulte su lista. Soy vicepresidenta de la Fundación y miembro del Consejo». No quería parecer una delincuente. Llevo cuatro años jubilada y quería decirle a la joven: «¡Oh, si supieras!, yo jugaba ahí donde estás tú ahora».

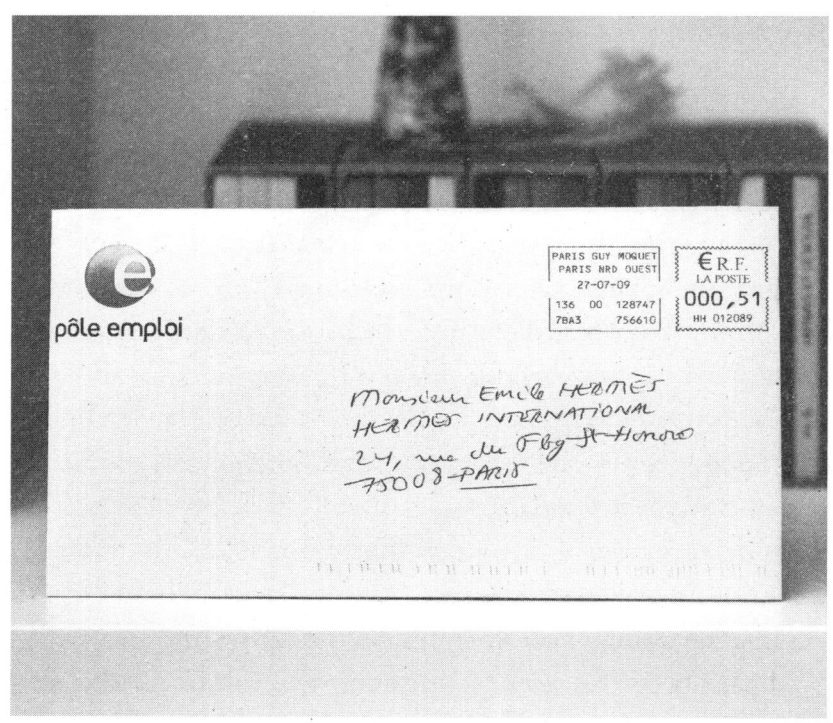

Correo de la oficina de empleo del 27 de julio de 2009 al señor Émile Hermès. Esta carta, que nunca se abrió, está guardada así en un despacho de la Dirección del Patrimonio.

Canto XXIII

4D

¿Cómo escaparse del laberinto?

En tiempos mitológicos, Ícaro perdió la partida. En el siglo XXI, tras décadas pasadas en las videoconsolas, la gente se entrega a un auténtico juego de escape en los bares de Kioto. Un equipo de cinco jugadores se encierra en una habitación oscura y misteriosa. La única forma de salir es descubrir los indicios ocultos y responder a los enigmas en un tiempo limitado. La locura por este juego en equipo se extiende por Asia, luego a Budapest y a América… Cada día se abren salas de juegos de *escape game* en todo el mundo. Los decorados y los escenarios no dejan de incrementarse. En 24 Faubourg la regla es la misma: para ganar, hay que salir del laberinto.

Al caer la noche, tres equipos compiten entre sí: Pierre-Alexis (director artístico, 6.ª generación), Menehould (directora del patrimonio), Thomas (director de la tienda) y una veintena de jugadores más, todos iniciados, tienen que responder a enigmas sobre la historia y los mitos tribales. Los participantes conocen todos los arcanos de 24 Faubourg y pasan fácilmente de una sala a otra. Desafían la oscuridad sin miedo a despertar las alarmas. Abren cajas de recuerdos y cofres del tesoro. Tocan objetos intocables. Descifran tipografías desconocidas y letras esotéricas. Convocan la presencia de figuras del pasado. Juegan del sótano a la terraza, pasando por el despacho de Émile Hermès y su museo (que no es un museo). Selección de objetos de la colección que ha inspirado el *escape game*:

- un bastón de noctámbulo con una velita disimulada en el pomo,
- un catre de tijera en un baúl inglés del siglo XVIII,
- dos almohadas chinas de viaje, en cuero lacado,
- una lamparita de aceite de terracota con un caballo al galope, de la época galorromana,
- un espejo con una de las primeras fotografías de la Luna en el reverso, tomada en 1865 desde un telescopio,
- dos pequeñas pantallas plegables de seda verde en un estuche de cuero, siglo XIX. Para leer o escribir por la noche, se colocan delante de una vela, protegiendo así la vista del deslumbramiento.

Al final de este simpático juego, todo el mundo gana, por supuesto, y se va a casa encantado. Al día siguiente, todos vuelven a 24 Faubourg. Nadie se ha escapado, todos han perdido. El *escape game* tribal no es un juego en el espacio, sino en el tiempo. Se parte en su busca con una linterna. Las reglas del juego casero, ideado y redactado por el equipo del patrimonio, son un *remake* de *En busca del tiempo perdido*, de Marcel Proust, vecino del barrio.

Con motivo del centenario de la muerte de Marcel Proust (1871-1922), un científico y un filósofo discuten sobre su percepción del tiempo en la emisora de radio France Culture. ¿Qué ha pasado con el pasado?

El científico: «Tomemos el caso de una silla que ya no existe porque ha sido destruida. ¿Debemos considerar que sigue existiendo en alguna parte, en algún lugar distinto de donde estamos, en forma de silla que existió en el pasado? ¿O ya no existe en ninguna parte? Se formula, a propósito del tiempo, una pregunta de orden espacial: ¿Qué ha pasado con el pasado? ¿Adónde ha ido a parar?».

El filósofo: «La silla en cuestión es inseparable de la forma en que Albertine se sentó una vez en ella, del gesto de excavar el suelo para dar con ella. De lo contrario, no existe. Del mismo modo, un padre dice al morir que su campo contiene un tesoro. Sus hijos lo buscan, no lo encuentran. Pero al buscar en el campo, convierten el propio campo en un tesoro. El campo solo es un tesoro si se busca el tesoro».

A la luz del día, rehagamos el recorrido del *escape game* de 24 Faubourg en un eterno presente. En la entrada de la tienda están el escritorio y la silla de la tía Aline (hija de Émile Hermès, 4.ª generación). Desde su vigía, acoge a la clientela a su manera. Iconoclasta. Nacida en el año 7 del siglo XX y fallecida el mismo día del año 6 del siglo XXI, Aline fue resistente durante la Ocupación y revolucionaria en las barricadas de Mayo del 68. Siempre del lado de los huelguistas de 24 Faubourg, abre los bailes de las fiestas tribales en brazos de Juan, el rebelde de la guarnicionería (Canto XVIII). Con más de noventa años, la tía Aline se viste en los populares almacenes Tati, lleva medias floreadas de vivos colores y vigila a los clientes desde su escritorio a la entrada de la tienda. La tía Aline es una figura querida y temida en la casa. Un personaje. Yasmina, que se ocupa del jardín en la terraza, recuerda que hace poco se lo advirtió la pastora de su pueblo, en general estricta y muy reservada: «¡Ha ocurrido algo terrible! La gente ya no se atreve a ser un personaje. Todos hablan de la misma manera, ya no se les puede decir nada». La tía Aline se atreve. Años después de su muerte —se dice que sus últimas palabras fueron: «No vendáis nunca la casa»—, ¿qué hacer con su escritorio y su silla? Thomas, director de la tienda, sugiere desplazarlos para despejar la entrada. Siguen en el mismo sitio.

En la tienda, pasamos junto al gran cuadro de la caza del zorro, que en el pasado asustaba a Pierre-Alexis (director artístico, 6.ª generación). A lo largo y ancho de cuatro metros por dos, unos jinetes y una jauría de perros acorralan a un zorro en peligro. Philippe, hijo de Robert y nieto de Émile Hermès, se propone pintar una continuación del cuadro del siglo XIX en las paredes de la tienda. Menehould asegura que siempre había estado en el espíritu de la casa añadir bigotes a la Gioconda… Philippe concibe una obra monumental compuesta de azulejos de cerámica hechos a mano, uno a uno. En palabras de Philippe, de ochenta y dos años (pintor, 5.ª generación):

Trabajamos durante cuatro meses, día y noche, en el taller del ceramista. Me daba la impresión de estar aprendiendo un oficio, de pie en un taburete con pinceles largos. Todo el mundo tenía miedo. Una vez cocidos los azulejos, no hay vuelta atrás. La materia sublimó mis dibujos. Descubrimos el conjunto solo una vez montado en la tienda. Al zorro acorralado de la obra original, le anuncio la buena nueva: va a escapar. En mi última baldosa, la manada ha perdido su rastro y el zorro sonríe. Ese es el espíritu de 24 Faubourg, cierta alegría de vivir. He dibujado en la escena a mis padres y a mis nietos. Algunas personas tienen la impresión de que siempre ha estado ahí, eso es lo que yo esperaba… Para la próxima ampliación de 24 Faubourg, me gustaría dibujar el espacio tal y como lo conocí de niño. O bien unas caballerizas, ¡sería gracioso!

El *escape game* continúa al volver a la colección de Émile Hermès, que se enriquece constantemente con objetos recolectados aquí y allá, como antaño. Una de las últimas adquisiciones es un collar de perro de plata forrado de cuero, emblemático de una sección próspera en ventas de 24 Faubourg a principios del siglo XX. En palabras de Menehould, directora del patrimonio:

> Al coleccionar y colgar objetos por toda la casa, Émile Hermès creó un lugar donde pueden hablar sin necesidad de palabras. Nosotros continuamos su colección con ese mismo espíritu. Estoy encantada de haber adquirido este collar de perro. Lleva grabado: «Mademoiselle Sarah Bernhardt. 41 avenue de Villiers», con su lema: «Quand même!» («¡A pesar de todo!»). Más tarde me enteré de que uno de los perros de la famosa actriz había sido devorado por su cocodrilo. El grabado del collar cuenta su propia historia y a la vez enriquece la leyenda de la casa. Por su condición de auténticos personajes, los objetos nos envían pequeños mensajes como este.

Encontramos al instigador del *escape game* de 24 Faubourg, donde todos ganan y pierden a la vez. Es solo un juego... Pero ¿quién es el verdadero protagonista? ¿El jugador de la tribu que conoce las respuestas a los enigmas? ¿O el «personaje» evocado por Menehould, el propio 24 Faubourg? En las noches en blanco, su pasado es presencia. Lo visitamos, lo palpamos, le hablamos. En palabras de Pierre-Alexis (director artístico, 6.ª generación), que, como *gamer* de su propio juego, vuelve a visitar 24 Faubourg en la penumbra, igual que a los ocho años:

Conozco el Faubourg absolutamente de memoria. Me encantan los pequeños pasadizos secretos. Todo es irregular y uno acaba perdiéndose. Todavía me sucede. El otro día descubrí que había un sótano más. No hay acceso privilegiado. Nadie se evita. Todos se encuentran en los pasillos y charlan. A mi padre le encantaba eso, lo llamaba Radio Faubourg. Sigo teniendo la impresión de que mi padre está ahí, al final del pasillo. Cuando estoy en el 28, 30 o 32 de Faubourg, pienso en mi madre, que trabajó en la renovación de las oficinas. Para identificar los edificios, quiso que se distinguieran por los colores. Cuando los veo, inmediatamente veo el rostro de mi madre. ¿Cómo moldea y transforma la arquitectura laberíntica de la casa a quienes han pasado allí diez, veinte, treinta, cuarenta años o más? 24 Faubourg nos crea, para que sigamos creándolo.

Al final del *escape game*, los tres equipos se reúnen para tomar algo en la terraza. La luna ilumina al caballo y al jinete, al pirotécnico con los dos estandartes; ellos tampoco se han escapado. Pierre-Alexis agradece a todos su participación en el juego. Un siglo después de Émile Hermès, anuncia a los miembros de la tribu las próximas obras de renovación de 24 Faubourg, que ahora se extiende en la calle hasta el 32 Faubourg. La casa tribal de 2024 se parece a la que dibujó hace cien años su bisabuelo Émile en las tarjetas de invitación. 24 Faubourg es un edificio en 4D, siendo la cuarta dimensión el Tiempo, con T mayúscula, como escribió Marcel Proust en *El tiempo recobrado*.

Espejo de mano en plata y ébano, en cuyo dorso figura un positivado en papel albuminado de una de las fotografías de la Luna que realizó el astrónomo americano Lewis Morris Rutherfurd. *Circa* 1865.

Canto XXIV

Pistas

Un relato de los mitos fundacionales aglutina a los aborígenes de Australia. Los antropólogos llevan un siglo intentando desentrañar sus misterios. Durante mucho tiempo se creyó que los *Songlines*, o líneas de canto, cartografiaban los caminos invisibles recorridos por los antepasados que crearon el mundo. ¿Una cosmogonía como un mapa de navegación, cantada en un desierto? Las recientes investigaciones evocan, no ya unos *Songlines*, sino unas *Dreaming tracks*, unas pistas de ensueño.

Thierry Hermès sueña con París y se exilia allí.

Después de Thierry (primera jefatura), su hijo Charles-Émile sueña con escapar de la ruina en un París sitiado.

Después de Charles-Émile (segunda jefatura), su hijo Émile sueña con una casa para albergar al caballo en dificultades.

Después de Émile (tercera jefatura), su yerno Robert sueña con una ferretería en un mundo que necesita una reparación.

Después de Robert (cuarta jefatura), su hijo Jean-Louis le dice a menudo a su propio hijo: «¡Pellízcame, estoy soñando!», y guía a la tribu por sus sueños circumterrestres.

Después de Jean-Louis (quinta jefatura), su sobrino Axel sueña, durante un tiempo, con trabajar en China haciendo referencia a André Malraux, el autor de *La condición humana*, donde el hombre se enfrenta al desorden comprometiéndose con la historia.

Historia de un primer desorden. En 2010, el éxito de una década de Lady Gaga marca el tempo. Introducción de notas distorsionadas de un clavicordio electrónico, primera parte de la letra cantada con fondo de sintetizador y bajo tech house: «Oh-oh-oh-oh-oh, oh-oh-oh-oh, oh-oh-oh, Caught in a bad romance...» («¡Oh! Atrapada en un mal romance...»). Más de mil millones de visitas en YouTube. En la sala de juntas de 24 Faubourg, la familia se reúne un sábado por la mañana de otoño de 2010 para lo que se supone que va a ser una sesión informativa sobre el mercado de valores. Las alertas de los mensajes de texto suenan en todos los *smartphones*. Final del orden del día. La tribu está siendo atacada. Amenazados por un intento de «opa hostil» por parte del presidente de la empresa de artículos de lujo número uno del mundo. *Caught in a bad romance...* «Rah, rah-ah-ah... Rah, rah-ah-ah-ah Roma, roma-ma, Gaga, ooh-la-la...». El diario *Libération* interpreta ese *bad romance* a su manera: «Es como si el multimillonario hubiera puesto su cama *king-size* en la habitación de invitados de Hermès sin haber sido invitado». Los banqueros piensan que «el lobo vestido de cachemira» devorará, como de costumbre, a su presa, 24 Faubourg. Pero el estilo tribal resiste. 24 Faubourg estrecha los lazos ancestrales de las familias Puech, Guerrand y Dumas, fruto de los esponsales de las tres hijas de Émile Hermès: Yvonne, Aline y Jacqueline.

Axel (jefe, 6.ª generación) recibe a una periodista británica que cubre temas de economía en el comedor de 24 Faubourg, contiguo a la terraza y su manzano. En una pared, el fresco de

Philippe (pintor, 5.ª generación) representa a la familia bajo la apariencia de varias generaciones de campesinos trabajando en una granja. En palabras de Axel, extraídas del *Financial Times* del 27 de marzo de 2015:

> Lo admirable es que la familia se ha unido de verdad para mantener la independencia de Hermès. Hemos creado un holding, H51, que posee el 51 por ciento de la empresa, donde nadie puede vender sus acciones durante veinte años. Para ellos, suponía una gran decisión decir: «Voy a invertir todo lo que tengo en esto y no voy a venderlo en veinte años». Pero lo han hecho. Me han confiado un mandato muy fuerte, preservar la independencia de Hermès, y eso es algo en lo que pienso sea cual sea la situación.

Historia de un segundo desorden. El mundo está enjaulado. Pocos días después de que la Organización Mundial de la Salud anunciara la pandemia de la COVID-19, la serie de Netflix *Rey Tigre* mantuvo a decenas de millones de espectadores pegados a sus pantallas con la historia de un cuidador de zoo y sus animales salvajes prisioneros. Los algoritmos de las plataformas 2.0 detectan los gustos de los clientes. El himno viral de esta época, «Jerusalemema», es una oración cantada en zulú, y su estribillo, «Ngilondoloze» («Protégeme»), despega enseguida de Sudáfrica para difundirse a través de la plataforma china TikTok. En distintas latitudes, grupos enclaustrados de personas se retan colgando vídeos cortos de su coreografía. Al ritmo de «Jerusalemema», unos franciscanos bailan con unas franciscanas frente a una iglesia, cuidadores en varios hospitales, e incluso escolares sin escuela, soldados desarmados y Cristiano Ronaldo mueven las caderas. Más de mil millones de visualizaciones y vídeos compartidos en TikTok, YouTube, Apple

Music, Spotify, Weibo, Instagram, Facebook... El SARS-CoV está matando en todas partes. Los algoritmos llevan las riendas al son del baile y la letra zulú: «Jerusalén es mi hogar, guíame, llévame contigo, no me dejes aquí».

Durante las primeras semanas de la pandemia, 24 Faubourg cerró sus puertas, clausuró sus talleres y dio el cerrojazo en la mayoría de sus tiendas de cuarenta y cinco países. En palabras de Axel (jefe, 6.ª generación):

> La tribu es la de quienes aún creen en ella, igual que Émile Hermès creyó en ella en su día, aunque se equivocara un poco... Solo quedaba un guarnicionero en París, nadie aparte de nosotros. La visión de Émile Hermès nos salvó, pero no era racional. Creemos en la inteligencia de la mano y en el saber artesanal. Durante la COVID[-19], todo el mundo quería parar. Yo dije que no, al contrario, ahora es el momento de brillar. No podemos curar al mundo, pero podemos intentar encender una lucecita. Tuve esta conversación con el historiador Patrick Boucheron. ¿Qué hacer después de la peste? Volver a instaurar la belleza en el mundo.

Durante las primeras semanas de confinamiento, el joven Charly, galardonado con el Premio al Mejor Obrero de Francia y guarnicionero en 24 Faubourg (Canto II: «Tótem»), cose en su casa una silla de montar. Al día siguiente, le da forma con su martillo de mango de ébano, de al menos doscientos años, su cuchillo medialuna de acero centenario y sus tachuelas de tapicero. Charly fabrica un nuevo modelo de silla de montar, *Faubourg* es su nombre. En palabras de Charly, el guarnicionero:

Hemos conservado el espíritu de finura y ligereza tan apreciado por Laurent, nuestro antiguo maestro guarnicionero. Ahorramos quinientos gramos. Para las articulaciones, una pequeña varilla de piel de cabra une, sin aumentar el grosor, los diferentes componentes de cuero. Su especificidad: se puede ver el interior. La frase que nos vino inmediatamente a la mente fue: «¡Bienvenido a Faubourg!». Dejamos que el jinete entre en lo que hacemos en el taller. Se ven las correas trenzadas, las costuras, las puntas niqueladas, el pomo de haya aceitada, el arzón de doble zapatilla. Nunca antes se había hecho. Requiere que el guarnicionero sea irreprochable. Llevamos al límite nuestro saber artesanal.

Recordemos las palabras del guarnicionero Juan (Canto XVIII: «Clavos») que se incorporó a 24 Faubourg en 1968:

Aun así, tengo la esperanza de que algún día alguien venga y despiece nuestras monturas. Y ese día se dirá: esto no es obra de un guarnicionero, esto lo ha hecho un artista.

Originario de la Georgia cantada por Ray Charles, Pearce creció en el sureste de Estados Unidos entre los caballos y las sillas tribales de 24 Faubourg. Su abuela, que hablaba francés en casa —«porque era costumbre en el Sur»—, lo anima a descubrir *Francia, Francia, Francia.* Para esa señora, París y 24 Faubourg, con ese «saber vivir a la francesa» siguen pareciéndose a ese mundo que ella ha visto desaparecer en Georgia. En palabras de Pearce:

Tengo formación en Historia del Arte y Literatura. Estoy terminando una tesis sobre la edición de un manuscrito del siglo xv: *L'Estrif de Science, de Nature et de Fortune.* Es una querella entre tres alegorías que se disputan la preeminencia en la Tierra y el reinado sobre los hombres. Es bastante fantástico. Me han aconsejado que llame a la puerta de Hermès.

A petición de Menehould, la directora del patrimonio, Pearce descodifica y transcribe correspondencia antigua. Formado en Paleografía, puede leer la difícil cursiva medieval y corregir errores gramaticales. En 2020, en un París confinado, Pearce trabaja con cartas escritas en un París aislado del mundo, entre 1870 y 1871, por el asedio prusiano. Charles-Émile Hermès (jefe, 2.ª generación) escribe a su padre Thierry (jefe, 1.ª generación), refugiado en Normandía. Globos de Correos trasladan cartas lejos de la capital sitiada. A merced de los vientos, algunas cartas llegan a Normandía, otras caen en medio del campo o del mar. El hijo intenta tranquilizar al padre. Entre las líneas escritas en un papel muy fino, Pearce descifra las dificultades económicas y la fragilidad de la vida en un París bombardeado. La guarnicionería Lancelot de la Rue Montmartre prospera, la casa Hermès periclita. Los ingresos son irrisorios. Para mantenerse a flote, la casa familiar fabrica y vende cartucheras para la Guardia Nacional.

En la primavera de 2020, Hermès reabre su primera tienda en Guangzhou. Las redes sociales chinas Weibo y Xiaohongshu, con sus numerosos selfis y vídeos, hablan del récord de ventas del primer día. *Business of Fashion* evoca el concepto de *revenge buying* («compra por venganza»), en referencia a los ciudadanos chinos de los años ochenta que descubrían productos extranjeros a los que hasta entonces no habían tenido acceso. Precursor de internet, el protocolo TCP/IP conectaba mil ordenadores en 1983. En 2023 son más de cinco mil millones.

Los niños que ayer jugaban al Uno, dos, tres, chocolate inglés, ahora corretean por la Web 1.0, la Web 2.0, la Web 3.0 (que aún no sabemos qué es). En el futuro: una oscura Web 4.0.

En vox.com, un artículo del 23 de mayo de 2023 nos recuerda que la pandemia fue un periodo de sufrimiento, pero también de prosperidad para la compra de ciertos productos:

> Una parte significativa del crecimiento de los artículos de lujo procede de los consumidores de rentas medias y bajas. Según GlobalData, los estadounidenses con una renta familiar anual inferior a cincuenta mil dólares representan alrededor del 27 por ciento de los consumidores habituales de artículos de lujo. [...] La economía moderna del lujo ahora forma parte no solo de la cultura pop, sino también de la cultura juvenil en internet. La gente se entera de las tendencias en línea, hace sus compras en línea y luego vende sus artículos viejos en línea para poder comprar un nuevo artículo de prestigio… en línea. Los jóvenes justifican sus gastos de lujo por el auge del mercado de la reventa.

24 Faubourg recuerda a su cliente estadounidense más antiguo, Tom Mix, nacido en 1880. Tom, desertor, barman de *saloon* y vaquero en territorio indio, se convirtió en actor del *101 Ranch Wild West Show* y luego en estrella de cine: entre 1909 y 1917 rodó doscientos treinta cortometrajes mudos. Para sus ochenta y cinco largometrajes, la Fox lo contrata con sus caballos y sus hombres. Fortuna y gloria. Tom Mix dedica su foto de vaquero de Hollywood a Émile Hermès, la estrella posa junto a Tony, su caballo favorito, y escribe: «Hermes saddles are the best and Tony thinks so too!» («¡Las sillas de montar Hermès son las mejores y Tony está de acuerdo conmigo!»).

Menehould, directora del patrimonio tribal:

En Estados Unidos, primero fuimos a ciudades pequeñas, luego llegamos a los ranchos, en medio de la nada, para presentar nuestras sillas de montar y nuestros productos. Las fotos, increíbles, recuerdan las caravanas de las películas del Oeste. Nuestro logotipo también es un carromato a punto de emprender la marcha. Está en el mosaico de la entrada de 24 Faubourg, en transparencia sobre las puertas de nuestras oficinas, cosido en nuestras etiquetas y grabado en nuestras cajas color naranja... Es nuestro *leitmotiv*. Émile Hermès eligió este logotipo en 1945 sin explicar por qué. Es una escena inicial. Un joven mozo espera delante de dos caballos. Ese coche del siglo xix estaba conducido por su dueño, que le había puesto nombre: Duque, «Duc». *Duc*, en latín, significa «¡Avanza!». Es el imperativo de *ducere*: ¡Adelante! *Go! On the road again!*

En el verano de 2023 se pueden leer estas líneas en las páginas color salmón de *Le Figaro*: «El grupo Hermès ha duplicado su tamaño con respecto a 2019 y sigue creciendo más rápido que sus rivales. El volumen de negocio de la guarnicionería es el doble que antes de la pandemia, y su beneficio neto casi se ha triplicado». En palabras de Pierre-Alexis (director artístico, 6.ª generación):

Hermès va bien en un mundo que va mal. Si mi padre hubiera conocido estos resultados, estaría asombrado y me diría una vez más: «¡Pellízcame, estoy soñando!».

Bajo la mirada de sus predecesores, cuyos retratos adornan el pilar de la tienda, Axel (jefe, 6.ª generación) señala con el dedo el pie de la histórica escalera de 24 Faubourg. Hace un siglo, una pared obstruía el paso. Como las obras de demolición de la escalera eran demasiado costosas, Émile Hermès decidió añadirle unos peldaños nuevos. Lo que parece haber estado ahí desde siempre, se construyó a cachos. En palabras de Axel:

> Esta escalera refleja la personalidad de 24 Faubourg. Se añaden capas sin quitar demasiadas. Me gusta bajar a la tienda. Es genial conocer a gente de todo el mundo. El otro día, oigo a una dependienta nuestra decirle a un cliente: «Este cinturón, ¿cuánto hace que se lo vendí?». Él contesta: «Tres semanas». Me pareció que el ambiente era tenso, por eso estaba escuchando. Nuestra vendedora replica: «¡Tres semanas! Pero ¡eso no está nada bien! Ha engordado demasiado. Esto es lo que haremos: le daré quince días y, si no mejora, le haré un agujero más en el cinturón. Pero tiene que intentar corregirse». Y el cliente responde: «De acuerdo, tiene usted razón». Aquí las paredes rezuman este tipo de historias.

Bajo los tejados de 24 Faubourg, Charly trabaja en la silla del futuro. Cómo será el mundo de después se traduce aquí por cómo será la próxima silla de montar. Más ligera y flexible, pretende adaptarse mejor a los complejos y disímiles movimientos del caballo y del jinete. En palabras de Charly:

> Tengo vida arriba y vida abajo. Hay que escuchar a todos. Estamos trabajando en la silla perfecta, pero nunca existirá.

Gracias a los datos biomecánicos específicos de cada montura, almacenados en un ordenador, Charly fabrica su silla a medida como si el caballo estuviera en el taller. El sueño de todo guarnicionero.

En una *Dreaming track* —una pista de ensueño— de 24 Faubourg, una herramienta dibuja una H tribal. Es del tamaño de un niño de siete años, y tiene más de dos siglos. La horma de collera para caballo de atalaje está en el suelo.

En el principio era el caballo...

Thierry Hermès utiliza grandes compases para medir el cuello de los caballos de atalaje. Para la longitud: desde la mitad de la cruz hasta la parte inferior del burlete, que forma la delantera de la collera llamada horcate; para la anchura: de horcate a horcate. Mediante el potente tornillo de acero que abre las dos partes de madera de la horma, ajusta el tamaño del collar al del cuello. Esta es la parte del arnés que Thierry cuida más. Tiene que embutir paja y crin en una funda de cuero, que a su vez se moldea y luego se ajusta al tamaño del cuello del caballo.

Menehould entra en esa pista de ensueño por la puerta del museo (que no es un museo). Pasa por delante de la horma de collera y, como suele suceder, la acaricia con la mano. En palabras de Menehould:

Esta horma es todo lo que sabemos sobre el comienzo de nuestra historia. Su gran cuerpo de madera ambarina, suave y pulida, es como esas vírgenes negras de encerado «efecto espejo» debido a siglos de veneración.

Del cajón derecho del escritorio de Émile Hermès (jefe, 3.ª generación), Menehould exhuma un diario tribal de 1951. Esta libreta registra las últimas citas del jefe, fallecido en septiembre de 1951. Una página salta a la avezada vista de la directora del patrimonio tribal. La caligrafía con lápiz del jefe apenas resulta legible. Letra a letra, Pearce consigue descifrar ese mensaje que ha permanecido secreto durante tanto tiempo. Las últimas palabras del jefe se refieren a la bandolera de una bolsa que habrá que arreglar en el taller.

Menehould cierra la puerta del despacho, cuya manija de latón dorado del siglo XIX es la figura de un caballo. Damos juntos unos pasos hacia la salida por los pasillos laberínticos. Menehould me propone acompañarme hasta la escalera verde.

¡Luego es todo recto! No puede equivocarse. Después de tanto tiempo, conocerá el camino, ¿verdad?

Nos acercamos a los peldaños de la escalera verde. Son rojos. En palabras de Menehould, directora del patrimonio tribal:

¡Vaya, nunca me había dado cuenta de que la escalera verde era roja! ¿Así que nuestras escaleras, la verde y la roja, son rojas las dos? No sé desde cuándo es así. Debe de hacer por lo menos veinte años, o más. ¡Y pensar que paso por esta escalera todos los días! Pero bueno, en rojo queda igual de bien, ¿no?

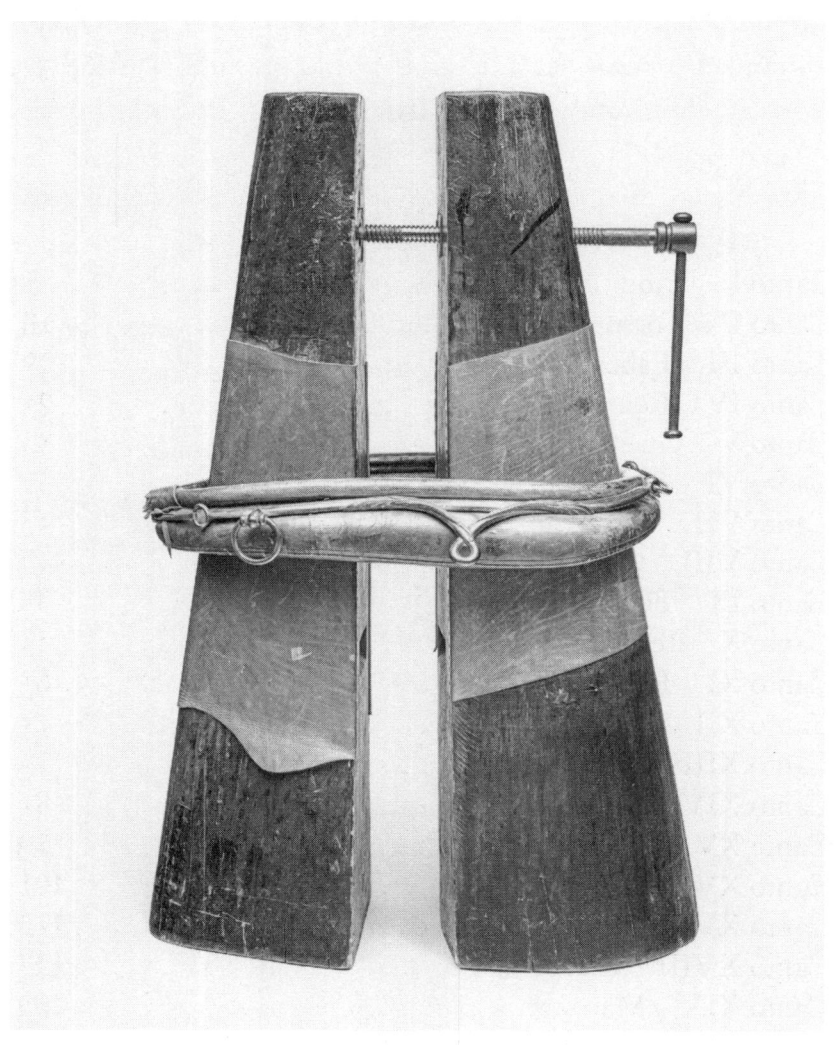

Horma de collera para caballo de atalaje de Thierry Hermès, siglo XIX.

Índice

Frédéric Laffont es un reportero, cineasta y escritor, galardonado con el Premio Albert-Londres, entre otros. Es autor de *Poussières de guerre* (Afganistán, 1990), *Maudits soient les yeux fermés* (Ruanda, 1995), *Mille et un jours, mille et une nuits* (Israel-Palestina, 2002) y de la biografía del chef Bernard Pacaud, dueño del restaurante parisino con tres estrellas Michelin L'Ambroisie, *Une vie par le menu* (2021). *La casa de los artesanos* (Lumen, 2025) es su último libro.

Este libro
terminó de imprimirse
en Madrid
en mayo de 2025